# Routen

**Route 1**

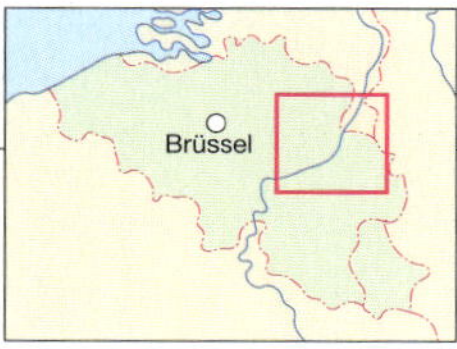


**Natur am laufenden Band** S. 46

Durch die Hochmoorlandschaft des Hohen Venn und das Maastal geht es nach Namur und dann zu den weniger bekannten Kunststädten Limburgs.

**Route 2**

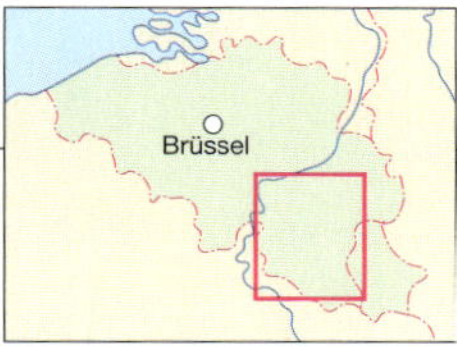


**Wege zu versteckten Schätzen** S. 54

Die Tour durch die belgischen Ardennen führt in mittelalterliche Städtchen, zu gewaltigen Tropfsteinhöhlen und in den Urlaubsort Dinant.

**Route 3**

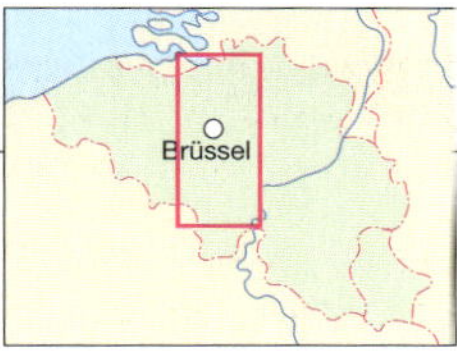


**Im Herzen des Landes** S. 62

Alte Handelsstädte wie Lüttich und Mons, die Karnevalshochburg Binche, eine abwechslungsreiche Landschaft und technische Baudenkmäler.

**Route 4**

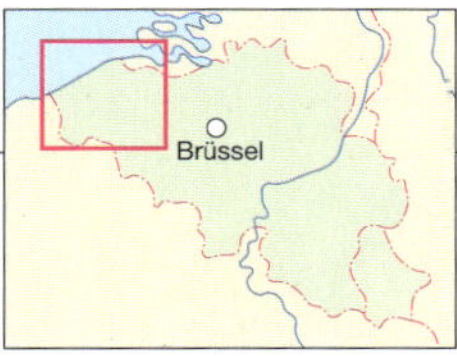


**Spuren von Handel und Kriegen** S. 76

Im Westen Belgiens liegen mit Kortrijk und Tournai die ältesten Städte des Landes. Idyllische Kleinstädte, Dörfer und mächtige Einzelgehöfte stehen am Weg.

**Route 5**

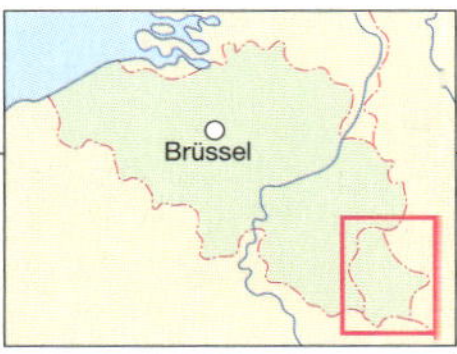


**Viel Genuss auf wenig Raum** S. 88

Die Hügellandschaft Luxemburgs lädt ein zum Besuch von Burgen, Schlössern und langen Wanderungen. Sie ist auch für Schlemmer ein lohnendes Ziel.

| | |
|---|---|
| Wir hatten einen Unfall. | On a eu un accident. [õ‿na ü ẽn‿akßi**dã**] |
| Wo ist das nächste Polizeirevier? | Où est le poste de police le plus proche? [u ä lö post dö po**lis** lö plü **prosch**] |
| Ich bin bestohlen worden. | On m'a volé. [õ‿ma wo**le**] |
| Mein Auto ist aufgebrochen worden. | On a fracturé ma voiture. [õn‿a fraktü**re** ma woa**tür**] |

## Essen und Trinken

| | |
|---|---|
| Die Speisekarte, bitte. | La carte, s'il vous plaît. [la **kart** ßil wu **plä**] |
| Brot | pain [pẽ] |
| Kaffee | café [ka**fe**] |
| Tee | thé [te] |
| mit Milch / Zucker | au lait / sucre [o lä / **ßü**krə] |
| Orangensaft | jus d'orange [~~sch~~ü do**rã~~sch~~**] |
| Suppe | soupe [ßup] |
| Fisch / Meeresfrüchte | poisson / fruits de mer [poa**ssõ** / früi dö **mär**] |
| Fleisch / Geflügel | viande / volaille [wjãd / wo**laj**] |
| Beilage | garniture [garni**tür**] |
| vegetarische Gerichte | cuisine végétarienne [kü**isin** we~~sch~~etar**jänn**] |
| Eier | œufs [öh] |
| Salat | salade [ßa**lad**] |
| Dessert | dessert [de**ssär**] |
| Obst | fruits [frü**i**] |
| Eis | glace [glass] |
| Wein | vin [wẽ] |
| weiß / rot / rosé | blanc / rouge / rosé [blã / ru~~sch~~ / ro**se**] |
| Bier | bière [bjär] |
| Aperitif | apéritif [aperi**tif**] |
| Wasser | eau [o] |
| Mineralwasser | eau minérale [o mine**ral**] |
| mit / ohne Kohlensäure | gazeuse / non gazeuse [ga**sös** / nõ ga**sös**] |
| Limonade | limonade [limo**nad**] |
| Frühstück | petit déjeuner [pöti de~~sch~~**öne**] |
| Mittagessen | déjeuner [de~~sch~~**öne**] |
| Abendessen | dîner [di**ne**] |
| eine Kleinigkeit | un petit quelque chose [ẽ pöti källkə **schohs**] |
| Ich möchte bezahlen. | L'addition, s'il vous plaît. [ladi**ßjõ** ßil wu **plä**] |
| Es war sehr gut / nicht so gut. | C'était très bon. / Ce n'était pas si bon. [ße**tä** trä **bõ** / ßö ne**tä** pa ßi **bõ**] |

## Im Hotel

| | |
|---|---|
| Ich suche ein gutes / nicht zu teures Hotel. | Je cherche un bon hôtel / un hôtel pas trop cher. [~~sch~~ö schärsch ẽ bõn‿o**täll** / ẽn‿o**täll** pa tro **schär**] |
| Ich habe ein Zimmer reserviert. | J'ai réservé une chambre. [~~sch~~e resär**we** ün **schãbr**] |
| Ich suche ein Zimmer für ... Personen. | Je cherche une chambre pour ... personnes. [~~sch~~ö schärsch ün schãbr pur ... pär**ßonn**] |
| Mit Dusche und Toilette. | Avec douche et toilette. [a**wäk** dusch e toa**lätt**] |
| Mit Balkon / Blick aufs Meer. | Avec balcon / vue sur la mer. [a**wäk** bal**kõ** / wü ßür la **mär**] |
| Wie viel kostet das Zimmer pro Nacht? | Quel est le prix de la chambre par nuit? [käll‿ä lö pri dö la **schãbr** par **nüi**] |
| Mit Frühstück? | Avec petit déjeuner? [a**wäk** pöti de~~sch~~**öne**] |
| Kann ich das Zimmer sehen? | Est-ce que je peux voir la chambre? [äskö ~~sch~~ö pöh **woar** la **schãbr**] |
| Haben Sie ein anderes Zimmer? | Est-ce que vous avez une autre chambre? [**äskö** wus‿**awe** ün otrə **schãbr**] |
| Das Zimmer gefällt mir (nicht). | La chambre me plaît / ne me plaît pas. [la schãbr mö **plä** / nö mö plä **pa**] |
| Kann ich mit Kreditkarte bezahlen? | Est-ce que je peux payer avec une carte de crédit? [**äskö** ~~sch~~ö pöh pä**je** a**wäk** ün kart dö kre**di**] |
| Wo kann ich parken? | Où est-ce que je peux laisser ma voiture? [u **äskö** ~~sch~~ö pöh lä**sse** ma woa**tür**] |
| Können Sie das Gepäck in mein Zimmer bringen? | Pourriez-vous apporter mes bagages dans la chambre? [pur**je** wu apor**te** me ba**ga~~sch~~** dã la **schãbr**] |
| Haben Sie einen Platz für ein Zelt / einen Wohnwagen / ein Wohnmobil? | Vous avez de la place pour une tente / une caravane / un camping-car? [wus‿awe dö la plass pur ün **tãt** / ün kara**wan** / ẽ kãping**kar**] |
| Wir brauchen Strom / Wasser. | On a besoin de courant / d'eau. [õn‿a bö**soẽ** dö ku**rã** / **do**] |

# INHALT

## Allgemeines



## Städtebeschreibungen



Die Hauptstadt des Landes mit prächtigen Bauten und breiten Boulevards ist in stetem Wandel begriffen. Elegante Boutiquen, malerische Märkte und Schlemmerlokale bieten, was das Herz begehrt.



Die alte Hafenstadt und Heimat von Peter Paul Rubens verbindet internationales Flair mit altflämischer Lebensart. Kirchen und Museen sind eine reiche Fundgrube für Kunstinteressierte.



Das „Venedig des Nordens" war eine der bedeutendsten Handelsstädte des Mittelalters. Die von Grachten durchzogene Altstadt ist ein großartiges Beispiel spätmittelalterlichen Städtebaus.



In der zweitgrößten Hafenstadt des Landes spürt man noch immer den Pulsschlag der alten Kaufmannsstadt, die bis heute die Vorkämpferin flämischer Eigenständigkeit ist.



Französisches Savoir-vivre und bedeutende Kunstschätze in der Stadt der rauchenden Schlote. Wer erst einmal Industrieviertel mit trister Betonarchitektur hinter sich gelassen hat, kann sich auf interessante Stunden freuen.



Die Stadt Luxemburg verbindet Weltoffenheit mit der Ruhe und Behaglichkeit einer Kleinstadt. Sie ist ein idealer Ort für ein erholsames und dennoch anregendes verlängertes Wochenende.

# Editorial

Für Belgien zu schwärmen ist leicht ... und schwer zugleich. Ganz einfach ist es zum Beispiel, auf die schier unübersehbare Zahl von Kunstschätzen hinzuweisen. Wem fallen nicht die bunten und detailreichen Bilder Brueghels ein, die auf Kunstkalendern und Glückwunschkarten allgegenwärtig sind?

Zwar ist Belgien nicht mehr das Land Brueghelscher Bauern, dennoch faszinieren uns die prachtvollen Städte mit ihren Rathäusern und den von hohen Giebelhäusern umstellten Marktplätzen noch immer.

Auch die grünen Hügel der Ardennen, die Dünenlandschaft am Nordseestrand und die pappelgesäumten Kanäle Westflanderns sind Ziel zahlreicher Wochenendausflügler geworden und können guten Gewissens weiterempfohlen werden.

Um manche Aspekte ihrer Lebensart kann man die Flamen und Wallonen eigentlich ebenfalls nur beneiden: ihre ausgeprägte Lebensfreude und Genussfähigkeit, ihre eingefleischte Lust am Wohlergehen.

Weniger verständlich sind uns andere Seiten Belgiens, die sich am deutlichsten im fruchtlosen Sprachenstreit niederschlagen und in einem Fanatismus, der selbst bei uns von Zeit zu Zeit die Nachrichten füllt. Die behäbige Lebensart der Belgier ist gepaart mit einer erstaunlichen Heftigkeit und Hartnäckigkeit, die bei manchen Gelegenheiten schlichte Verwunderung hervorrufen. Mit Sicherheit aber besitzen die Belgier eine tiefe Abneigung dagegen, sich von anderen sagen zu lassen, was gut und was schlecht ist, denn dieses Schicksal hatte ihnen die Geschichte wirklich allzu lange auferlegt.

*Manneken Pis in Brüssel*

*Ein Staatsgast wird erwartet*

## Die Autorin

Geboren wurde **Margarete Graf** in München. Nach dem Studium der Anglistik und Slawistik in München und Bochum lebt und arbeitet sie als Verlagslektorin und Autorin in Köln. Zahlreiche Buchpublikationen und Zeitschriftenartikel, vor allem zu den Themen Wandern und Radfahren in Österreich und Belgien, sind von ihr auf dem Markt.

# Unbekanntes Belgien?

Wer will schon nach Belgien fahren? In ein Land, das den Ruf hat, langweilig zu sein? Dutzende von Autobahnen durchziehen es, die nachts so hell beleuchtet sind, dass sie den Astronauten als Orientierungshilfe dienen. Der regelmäßig aufflammende Sprachenstreit, Radrennfahrer, knusprige Fritten und Comicfiguren wie Tim und Struppi – man weiß, das ist Belgien. Brüssel, Gent, Brügge, Antwerpen – das sind Kunststädte von Rang, aber sonst? Sonderbar unbekannt ist das Land im Herzen Europas, Sitz der wichtigsten Institutionen der EU.

## Lage

Belgien auf der Landkarte: Man findet es an der Kanalküste, eingerahmt von den Niederlanden, Deutschland, Luxemburg und Frankreich. Es ist in etwa ein dreieckiger Fleck, der nur wenig mehr Platz beansprucht als das Bundesland Brandenburg. In der Bevölkerungsstatistik hingegen rangiert Belgien ganz oben – mit 331 Einwohnern pro Quadratkilometer gehört es zu den am dichtesten besiedelten Gegenden Europas.

## Waldlandschaft der Ardennen

So klein das Land auch ist, so mannigfaltig sind die Landschaften, die es prägen: Im Südosten, geographisch dem Rheinischen Schiefergebirge zugehörig, erhebt sich das bewaldete Mittelgebirge der Ardennen mit Schluchten und Höhlen. Die Maas, einer der bedeutendsten Flüsse Europas, durchfließt es. Die höchsten Erhebungen liegen im Osten, nahe der deutschen Grenze, wo wasserundurchlässige Schieferböden eine weite Hochmoorfläche, das Hohe Venn, geschaffen haben. Auf den Anhöhen der Ardennen stehen festungsartige Gehöfte aus dunkelgrauem Stein, denen grüne oder rote Türstöcke und Fensterrahmen einen Hauch Fröhlichkeit verleihen.

### Geheimtipp Europas?

Romantische Schluchten in den Ardennen, Dünenlandschaften an der Nordseeküste, idyllische Kanäle, an denen man so wunderbar entlangradeln kann, kleine Städtchen mit gemütlichen Marktplätzen und Restaurants mit unzähligen Köstlichkeiten – Belgien ist noch für manche Überraschung gut.

Die Niederen Ardennen, durch die Landschaftsnamen Condroz, Famenne und Herveland markiert, schließen sich mit ihren hügeligen Hochflächen mit den tief eingeschnittenen Flüssen Ourthe, Semois, Amblève und Lesse im Westen an – eine milde, fruchtbare Landschaft mit ausgedehnten Feldern und Obstbaumplantagen. Nur im Südwesten, in der Borinage, hat man die Erde schon im letzten Jahrhundert aufgerissen, um Steinkohlelager auszubeuten.

## Hügel, Felder und die See

Nach Norden zu breiten sich die ebenfalls hügeligen Landstriche Südbrabants und des Haspengaus aus, mit ihren schweren Lehmböden außerordentlich fruchtbare Gebiete.

Karger wird das Bild in der welligen Heidelandschaft des Kempenlandes an der Grenze zu den Niederlanden. Die planmäßige Aufforstung und die Einrichtung von Bewässerungssystemen haben inzwischen den Anbau einer breiteren Palette von Feld- und Ackerfrüchten, vor allem aber die Zucht von Schnittblumen möglich gemacht.

Nach Westen zu gehen die Hügel Mittelbelgiens über in das offene Tiefland Westflanderns mit weiten, von Entwässerungskanälchen durchzogenen Wiesenflächen. Der 67 km lange Sandstrand mit bis zu 30 m hohen Dünen schließt das Land zur Nordsee hin ab.

## Klima und Reisezeit

Was das Wetter betrifft, so hat Belgien keine Sensationen zu bieten: Seeklima mit mäßig heißen Sommern und milden Wintern. Schnee fällt höchstens in den Ardennen, die dann prächtige Langlaufmöglichkeiten bieten. Der Golfstrom sorgt dafür, dass an der Küste keine extremen Temperaturschwankungen zu erwarten sind, doch die vorherrschenden Westwinde bringen immer wieder Regenwolken mit sich. Als Reisezeit kann man daher, je nach Interessenschwerpunkt, fast das ganze Jahr empfehlen: Für Städtetouren bieten sich vor allem Frühjahr und Herbst an, wenn auch die meisten Kulturveranstaltungen stattfinden, die Ardennen und die Küstenregion sind sowohl im Sommer wie im Winter beliebte Ziele.

## Natur

Von ursprünglicher Natur ist in der dicht besiedelten Kulturlandschaft Belgiens kaum mehr etwas erhalten, zu sehr haben die ausufernden Ballungsgebiete, die überall hervorschießenden Industrieansiedlungen und nicht zuletzt die intensive Landwirtschaft ihren Tribut gefordert. Nur an wenigen Stellen, streng geschützt und sorgfältig aufbereitet, ist noch ein letzter Rest „Natur“ zu besichtigen, so etwa im Naturpark Hohes Venn, einem Hochmoor mit einzigartiger Vegetation, in der Kalmthoutse Heide im Kempenland, im Vogelschutzgebiet Het Zwin in den Dünen nahe Brügge oder in einigen Teilen der Ardennen. Doch auch so manche künstlich angelegte Landschaft hat ihren Reiz: Zum Beispiel die Forêt de Soignes südlich von Brüssel mit ihren Buchen- und Eichenwäldern.

### Klima und Reisezeit

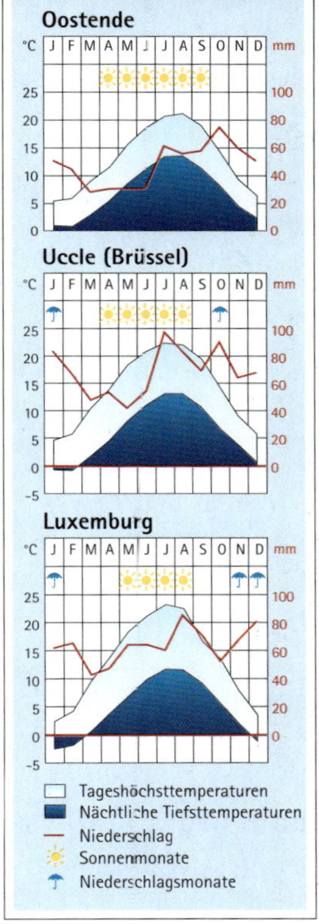


### Steckbrief

**Fläche:** 30 528 km².

**Einwohner:** 10 Mio.

**Bevölkerungsdichte:** 331 Einw./km².

**Höchste Erhebung:**
Signal de Botrange (694 m).

**Religion:** 89,5 % Katholiken; 250 000 Muslime; 50 000 Protestanten; 35 000 Juden.

**Sprache:** 57,6 % Flämisch; 32,5 % Französisch; 0,7 % Deutsch.

## Bevölkerung und Sprache

„Belgier“, so lautet ein geflügeltes Wort, „gibt es gar nicht.“ Die Bevölkerung zerfällt – das Wort ist bewusst gewählt – in knapp 58 % Niederländisch sprechende Flamen und etwa 32 % Französisch sprechende Wallonen, dazu kommen noch an die 67 000 deutschsprachige Einwohner in den Ostkantonen.

Ein hoher Prozentsatz an Einwanderern (fast 870 000) trägt zum Sprachengemisch bei. Doch der Sprachenstreit findet ausschließlich zwischen den Wallonen und den Flamen statt.

Mehrere Verfassungsreformen haben seit den 70er-Jahren versucht, beiden Sprachgruppen mehr Eigenständigkeit einzuräumen. Am deutlichsten tritt das Sprachproblem in der Region Brüssel zutage. In der Stadt spricht man Französisch, im Umland Flämisch. Doch mit jeder Familie, die umzieht, ändert sich das traditionelle Gefüge, da tauchen handfeste Probleme auf: In welcher Sprache wird der Schulunterricht abgehalten? Die Gemeinderatssitzung? Welches ist die Amtssprache?

## Brauchtum und Feste

In kaum einem anderen Land Europas wird derartig viel gefeiert wie in Belgien. Volksfeste, Jahrmärkte, Umzüge und Prozessionen überziehen von Ostern bis in den Herbst hinein das Land mit bunter Fröhlichkeit. An erster Stelle stehen in dem stark katholisch geprägten Land die religiösen Feste: Die prominentesten sind die Heilig-Blut-Prozession in Brügge, ein feierliches Spektakel mit Teilnehmern in historischen Kostümen, sowie der „Ommegang“ in Brüssel, eine Mischung aus Prozession (Marienverehrung) und folkloristischem Umzug. Aber auch den Karneval begeht man in einigen Regionen, vor allem in der Wallonie und in den Ostkantonen und einigen Küstenstädten, ebenso ausgelassen wie im Rheinland (s. S. 15).

### Ewige Hochzeit

Vorchristliche Wurzeln haben die häufig mitgeführten Riesenfiguren. Bis zu 3 m groß, marschieren sie an der Spitze vieler Karnevalszüge. Die berühmtesten Riesen sind wohl die aus Ath, ein „Ehepaar“, das jedes Jahr aufs Neue Hochzeit feiert.

## Wirtschaft

Nach dem Niedergang der traditionellen Kohle- und Stahlwirtschaft im wallonischen Condroz nach dem Zweiten Weltkrieg, der das Land in eine tiefe Krise stürzte, hat sich seit den 60er-Jahren ein umfassender Strukturwandel vollzogen. In Limburg und Ostflandern haben sich Betriebe angesiedelt, deren Schwerpunkt auf neuen Technologien liegt: Software, Elektronik, Biochemie. Antwerpen ist nicht nur eine der bedeutendsten Hafenstädte der Welt, sondern auch das Zentrum der chemischen und Erdöl verarbeitenden Industrie. Noch ein weiterer bedeutender Erwerbszweig ist hier angesiedelt: die Diamantenindustrie. Vier Diamantenbörsen verhelfen der Stadt zum Ruhm eines Welthandelszentrums für die edlen Steine. Die Landwirtschaft spielt eine erstaunlich wichtige Rolle für das dicht besiedelte Land. Zwar sind weniger als 3 % der Erwerbstätigen in diesem Wirtschaftssektor beschäftigt, doch ist vor allem der hochintensive und stark rationalisierte Gemüseanbau seit langem eine belgische Spezialität. Den höchsten Beitrag zum Bruttosozialprodukt – nahezu 70 % – leistet aber der Dienstleistungssektor. Als EU-Hauptstadt, Sitz der NATO und anderer internationaler Organisationen wird Brüssel mehr und mehr zur Verwaltungshauptstadt Europas.

## Staatsform

Belgien ist eine konstitutionelle Monarchie mit einem König an der Spitze.

## Der Sprachenstreit

Der schwer lösbare Konflikt, der bereits mehrere Regierungen zu Fall brachte, reicht weit in die Geschichte des Landes zurück. Während der Blütezeit Flanderns und Brabants, die bis ins 16. Jh. andauerte, war das Niederländische die Sprache der wohlhabenden Kaufleute, der Handwerker und der Gebildeten. Im Verlauf der Religionskriege flüchteten die meisten von ihnen, die dem Protestantismus anhingen, in die benachbarten Niederlande oder nach Großbritannien. Die flandrischen Landstriche verwaisten, die zurückgebliebenen Bevölkerungsschichten verfielen nach und nach in ihre alten, regional gefärbten Dialekte. Lesen und Schreiben, einst eine Selbstverständlichkeit, war bald nur noch einer Minderheit geläufig. Mittlerweile waren die wallonischen Regionen vor allem durch die Kohlevorkommen wirtschaftlich zur Macht gelangt. Französisch wurde nun zur Herrschaftssprache, und auch die belgische Revolution 1830 wurde von den Frankophonen getragen.

Erst durch Schriftsteller wie Guido Gezelle und Hendrik Conscience wurde das Bewusstsein der Flamen für ihre kulturelle Identität wieder geweckt. Sie vereinten die bäuerlich gefärbten Dialekte zu einer Schriftsprache, und langsam, gegen viele Widerstände, errang das Flämische den Rang einer gleichberechtigten Landessprache.

Seitdem aber die flämischen Landesteile die wallonischen wirtschaftlich überflügelt haben, haben sich auch die Machtverhältnisse nahezu umgekehrt.

Ein Zweikammernparlament regiert das Land. Seit den Verfassungsreformen der 80er-Jahre, die durch zunehmende Spannungen zwischen dem wallonischen und dem flämischen Teil notwendig wurden, hat sich das ursprünglich stark zentralistisch regierte Land zu einem Bundesstaat gewandelt. Zug um Zug erhielten die „Räte" der drei Sprachgemeinschaften immer weitergehende Kompetenzen, z. B. in den Bereichen Kultur, Erziehungswesen oder Umweltschutz. Die Autonomiebestrebungen in beiden Landesteilen werden meist von den immer stärker werdenden Ultrarechten verfolgt. Belgien ist in neun Provinzen gegliedert: Antwerpen, Ostflandern, Westflandern und Limburg (flämischsprachig); Namur, Liège, Hainaut (Hennegau) und Luxembourg belge (frankophon); Brabant (Hauptstadt: Brüssel) ist offiziell zweisprachig. Seit 1988 ist Belgien eine Föderation mit den Regionen Flandern, Wallonien und Brüssel-Stadt. Brabant besteht aus einem flämischen und einem wallonischen Teil.

*Karneval in Brügge*

## Geschichte im Überblick

**1. Jahrtausend v. Chr.** Keltenstämme besiedeln Westeuropa.

**57 v. Chr.** Cäsars Soldaten unterwerfen die Gallier, darunter den Stamm der „Belgae". Gründung der Provinz Gallia Belgica.

**3.–5. Jh.** Die Franken überschreiten den Rhein und besiedeln Gallien. Die Christianisierung beginnt.

**721** Gründung des Bistums Lüttich.

**843** Teilung des Frankenreiches. Die Schelde wird Grenzfluss zwischen Flandern und der Wallonie, die nun zu „Lotharingien" gehört.

**11. Jh.** Der Aufbau des Tuchhandels bringt Flandern einen gewaltigen wirtschaftlichen Aufschwung.

**1302** In der „Schlacht der Goldenen Sporen" bei Kortrijk besiegen schlecht bewaffnete flämische Bauern, Handwerker und Bürger ein französisches Ritterheer.

**1369** Margarethe, die Tochter des letzten Grafen von Flandern, heiratet Philipp den Kühnen von Burgund. Flandern wird burgundisch.

**15. Jh.** Die Herzöge von Burgund erobern und erwerben das ganze Gebiet des heutigen Belgien: wirtschaftlicher Aufschwung und kulturelle Hochzeit.

**1425** Die Universität von Löwen (Leuven) entwickelt sich zum europäischen Zentrum für Rechtswissenschaft.

**1477** Maria, die Tochter und Erbin des letzten Herzogs von Burgund, heiratet Maximilian von Österreich. Die „Niederen Lande" fallen an die Habsburger.

**1541** Mercator zeichnet die erste Landkarte von Flandern.

**1555** Karl V. muss nach seiner Niederlage gegen die protestantischen deutschen Fürsten zugunsten seines Sohnes Philipp II. von Spanien auf die „Niederen Lande" verzichten.

**1566** Der spanische Herzog von Alba wird in die Niederlande geschickt. Als Vertreter der Inquisition errichtet er eine Schreckensherrschaft, die Tausende von protestantischen Bürgern zur Auswanderung zwingt.

**1568** Die Grafen Egmont und Hoorn werden in Brüssel enthauptet.

**1579** Die sieben nördlichen protestantischen Provinzen, die heutigen Niederlande, schließen sich in der Utrechter Union zusammen und erklären 1581 ihre Unabhängigkeit.

**1648** Westfälischer Friede: Spanien erkennt die Unabhängigkeit der Nordprovinzen an. Belgien bleibt spanisch.

**1667** Der französische König Louis XIV erobert Teile Flanderns und des Hennegaus. Lille wird französisch.

**1701–1713** Der Spanische Erbfolgekrieg macht Belgien zu einem Schlachtfeld. Im Frieden von Aachen werden Belgien und Luxemburg Österreich zugesprochen.

**1795** Das revolutionäre Frankreich annektiert Belgien und Luxemburg, die bis zum Sturz Napoleons französisch bleiben.

**1815** Schlacht von Waterloo, letzte Niederlage Napoleons. Eupen und Malmédy fallen an Preußen.
Die Niederlande und Belgien werden zum Königreich der Vereinigten Niederlande unter Wilhelm I. von Oranien.

**1830/31** Revolution in Brüssel; Unabhängigkeit Belgiens als neutrales Königreich unter Leopold von Sachsen-Coburg.

**1839** Luxemburg wird unabhängig.

**1881** König Leopold II. erwirbt den Kongo als persönlichen Besitz und macht Belgien zur Kolonialmacht.

**1914–1918** Deutsche Truppen marschieren in Belgien und Luxemburg ein.

**1940–1944** Im Zweiten Weltkrieg marschieren erneut deutsche Truppen in Belgien ein. Bei Ausbruch des Krieges flüchtet die Regierung nach England, König Leopold III. wird nach Deutschland deportiert. 1944 wird Belgien von den Alliierten befreit.

**1948** Zoll- und Wirtschaftsunion der Beneluxstaaten.

**1957** Beitritt zur Europäischen Wirtschaftsgemeinschaft.

**1971** und **1980** Durch Verfassungsreformen soll beiden Sprachgruppen mehr Autonomie in Wirtschaft und Kultur gesichert werden.

**1988** Belgien wird in die drei Regionen Flandern, Wallonie und den Großraum Brüssel aufgegliedert.

**1993** Am 31. Juli stirbt König Baudouin I. Am 9. August wird sein Bruder Albert II. vereidigt.

**1996** Ein Justizskandal scheint Wallonen und Flamen zu spalten. Gefahr einer Staatskrise.

**1997** Durchgreifende Reform von Polizei und Justiz.

**1999** Durch einen Dioxin-Skandal bei der Futtermittelherstellung droht der Regierung ein Verfahren.

Bei den Parlamentswahlen am 13. Juni verlieren die Christdemokraten nach Jahrzehnten die Mehrheit.

**2000** Gemeinsam mit den Niederlanden ist Belgien Austragungsort der Fußball-Europameisterschaft.

*Die Grafen Egmont und Hoorn vor ihrer Hinrichtung*

*Kaiser Karl V., gemalt von Peter Paul Rubens*

*Am 10. Mai 1940 marschieren deutsche Truppen in Belgien ein*

## Revolution im Opernhaus

„Die Stumme von Portici" – unter diesem Titel stellt man sich nicht gerade einen flammenden Aufruf zur Rebellion vor. Und doch wird diese Oper von Daniel Aubert, in der es um Tyrannen und Volksbefreiung geht, als Starthilfe für die Belgische Revolution angesehen; eine Revolution, die erstaunlich gesittet über die Bühne ging.

Gerade 15 Jahre waren vergangen, seit der Wiener Kongress die Länder Europas nach den napoleonischen Feldzügen neu aufgeteilt hatte. Das Land an Maas und Schelde, das jahrhundertelang von den Habsburgern regiert worden war, sollte mit den Nördlichen Niederlanden „wieder vereinigt" werden. Besonders in der wallonischen Bevölkerungsmehrheit hatte sich eine starke Unabhängigkeitsbewegung entwickelt, die danach strebte, endlich einen eigenen Staat zu erhalten. Sogar eine Flagge hatte man schon parat: Schwarz-Gelb-Rot, die traditionellen Farben Brabants, des Landes um Brüssel.

### Statt Applaus – Aufstand nach der Arie

Am 25. August 1830 hatte die Unzufriedenheit über die Niederländer ihren Höhepunkt erreicht. Mitten in der Aufführung der Opéra de la Monnaie, unmittelbar nach der Arie, die die „geheiligte Liebe zum Vaterland" beschwört, stürmt die entflammte Zuhörerschaft auf die Straße und ruft zum Aufstand. Es kommt zu vereinzelten Scharmützeln, die niederländischen Garnisonssoldaten ziehen sich verblüfft zurück, und schon wenige Wochen später, am 4. Oktober 1830, wird die belgische Unabhängigkeitserklärung unterzeichnet. Belgien ist ein souveräner Staat geworden, von den Großmächten anerkannt und zu „ewiger Neutralität" verpflichtet.

# Kultur gestern und heute

Künstlerisches Schaffen hatte auf dem Gebiet des heutigen Belgien zu den meisten Zeiten günstige Bedingungen. Bedeutende Klöster und mächtige Kirchenfürsten gaben im Mittelalter Kunstwerke von hohem Rang in Auftrag. Ihrem Beispiel folgten die zumeist durch Handel reich gewordenen Städte, aber auch einzelne Ratsherren, Zunft- und Gildemeister sowie Kaufleute drängte es zur repräsentativen Darstellung durch prachtvolle Bauwerke und teure Gemälde.

Bereits vor dem Jahr 1000 wurden vor allem in und um Lüttich, dem ersten Bistum des Landes, Werke von hoher Qualität geschaffen. Unter anderem sind Buchdeckel aus Silber und Elfenbein und Buchmalereien aus dieser Zeit erhalten. Eine Glanzleistung der frühen Epoche ist das mit vielen ausdrucksvollen, fast vollplastischen Figuren geschmückte Taufbecken der Kirche St-Barthélémy in Lüttich, das 1115 von Renier de Huy gegossen wurde: ein Meisterwerk dieses maasländischen Handwerkszweigs, der während mehrerer Jahrhunderte in Blüte stand.

## Großartige Baukunst

Das herausragende Bauwerk der romanischen Epoche ist die fünftürmige Kathedrale von Tournai, an der ab 1141 gebaut wurde. Horizontal gegliedert, fast stämmig, erdverwachsen, steht das Langhaus da.

Gleichzeitig entstehen gotische Kirchen in einem völlig neuen Baustil: Elegant in die Höhe wachsende Bündelpfeiler sind die tragenden Elemente, dank ausgeklügeltem Strebewerk wird es möglich, große Fenster in die Wände zu brechen und die nun lichten Räume in magisches, farbiges Licht zu tauchen. Vor allem die letzte, verfeinerte Form, der in Flandern hervorgebrachte Flamboyantstil (15. Jh.), ist wie geschaffen für prächtige Repräsentationsbauten. Die Rathäuser in Leuven und Oudenaarde sind die berühmtesten Beispiele dafür, aber auch die Tempel des Handels, Tuch- und Fleischhallen, wachsen im neuen Stil empor. Sie erinnern in ihren eleganten Formen mit dem überreichen, zierlichen Schmuck an die filigranen Produkte der Silber- und Goldschmiedekunst, die ebenfalls in dieser Epoche zur Blüte kommt. Nicolas de Verdun, dessen Werke in Tournai zu sehen sind, und Hugo d'Oignies (Schatzkammer in Namur) sind die berühmtesten Goldschmiede ihrer Zeit.

Im 15. Jh. entstehen auch die großartigen Tafelbilder von Rogier van der Weyden, Jan und Hubert van Eyck (Genter Altar) und Hans Memling. Sie bestechen durch ein neues Verhältnis zur Realität, die, oft eingebunden in die Darstellung des christlichen Heilsgeschehens, detailliert wiedergegeben wird. Der Goldgrund wird zugunsten der Landschaftsdarstellungen aufgebrochen, die Abbildungen von Gesich-

*Die Büste des Schriftstellers Georges Simenon steht in Lüttich*

*Reliquienschrein von Renier de Huy in Visé*

## Feste und Veranstaltungen

**Karneval:** Ausgelassene Feiern mit Umzügen, u. a. in Stavelot, Binche, Aalst, Eupen, Malmédy.

**Ostern:** Am Karfreitag großer Blumenmarkt in Tournai.

**Mai:** Alle zwei Jahre am zweiten Sonntag „Katzenfest" in Ieper (Ypern): großer Umzug mit Katzen und Riesen. Letztes Wochenende: Jazz-Rallye in Brüssel. Himmelfahrtstag: Heilig-Blut-Prozession in Brügge, Prozession Hanswijck in Mechelen.

**Juni:** Am zweiten Sonntag Umzug mit 15 Riesen inklusive Blumenkorso und Festival der Militärmusik in Tournai.

**Juli:** Erster Donnerstag „Ommegang" in Brüssel auf der Grand' Place; letzter Sonntag Bußprozession in Veurne.

**August:** Letzter Sonntag Riesenhochzeit in Ath; Riesenumzug in Dendermonde; Bogenschützentreffen am Grote Markt in Oudenaarde.

Alle zwei Jahre am 15.: Blumenteppich auf dem Grote Markt in Brüssel.

**September:** Erstes Wochenende: Golden River City Jazz Festival in Kortrijk, Pestprozession in Tournai, Internationales Jagdfest in St-Hubert; erster Sonntag: „Monumentendag" (Tag der offenen Tür) in ganz Belgien.

tern sind ausdrucksstark und zielen auf den Charakter des Modells; die verschiedenen Oberflächen – Holz, samtene Roben oder leichte Schleier – sind so exakt gemalt, dass man sie anfassen möchte, um das Material zu spüren.

Die wohlhabenden Städte stellen nun – in Analogie zu den Königs- und Fürstenhäusern – eigene Stadtmaler an, die zu festgelegten Bedingungen für sie arbeiten. Außerdem entsteht in diesen wirtschaftlich hoch entwickelten Regionen zum ersten Mal ein Markt für Gemälde. Der Norden ist maßgeblich an der Ausbildung des Porträts als Bildgattung beteiligt. Neben bzw. in Verbindung mit der Malerei blüht in Oudenaarde, Brüssel und Tournai, begünstigt durch die Aufträge der Herzöge von Burgund, die Bildweberei. Messingarbeiten aus Dinant, „Dinanderien", sind als Leuchter, Taufbecken und Lesepulte im ganzen Land sehr begehrt.

## Flämische Renaissance

Im 16. Jh. trat Antwerpen die Nachfolge der Welthandelsstadt Brügge an. Das Ideengut des Humanismus verbreitet sich – u. a. durch die Bücher des Antwerpener Druckhauses Plantin – in den gebildeten Schichten. Hier entsteht mit dem Rathaus auch das erste Gebäude im Stil der flämischen Renaissance, die die Formensprache der Antike aufgreift: Giebel und Säulen, Obelisken und Kartuschen gliedern die Fassaden der Repräsentationsbauten dieser Epoche. Der größte Maler jener Zeit ist Pieter Brueghel d. Ä., dessen Werk einerseits vom Humanismus und dessen hohem moralischem Anspruch, andererseits von der feierfreudigen flämisch-brabantischen Lebensweise geprägt ist.

Es ist aber auch die Epoche des Umbruchs. Mit dem Humanismus findet der Protestantismus immer mehr Anhänger. Bildersturm, Unabhängigkeitskriege und französische Besetzung hinterlassen geplünderte Kirchen, die dann im 17. Jh. in den Formen des Barock renoviert werden: Altäre, Kanzeln, Beichtstühle und repräsentative Grabmäler entstehen. Der Marktplatz von Brüssel wird umgestaltet und zu einem der großartigsten Beispiele barocken Städtebaus. Peter Paul Rubens (1577–1640), Unternehmer und Diplomat, richtet in Antwerpen sein Atelier ein und befruchtet mit seinem Lebenswerk die europäische Kunst (s. S. 31).

Nach einer Epoche des wirtschaftlichen und künstlerischen Niedergangs verlangt erst Ende des 19. Jhs. der neu geschaffene belgische Staat wieder nach repräsentativen Prachtbauten. Der Historismus mit seiner Synthese aus Versatzstücken früherer Stile, exemplarisch am monströsen Brüsseler Justizpalast zu studieren, kommt diesem Bedürfnis entgegen. Zugleich entstehen, vor allem in der Hauptstadt, elegante, kapriziöse Jugendstilbauten, deren Architekten Henry van de Velde und Victor Horta dem Stil bis ins letzte Detail der Einrichtung treu blieben.

In der Malerei des 20. Jhs. feiert der Surrealismus von René Magritte und Paul Delvaux Triumphe, einzigartig sind die von Mystik und Symbolismus geprägten Werke von James Ensor. In der Literatur sind große Persönlichkeiten vertreten: Maurice Maeterlinck (Literaturnobelpreis 1911), Georges Simenon und Marguerite Yourcenar sind die anerkanntesten unter den belgischen Schriftstellern. Jacques Brel mit seinen Chansons sei stellvertretend für die Musikszene des 20. Jhs. genannt.

### Die siebte Kunst

So nennt man Comics. Gezeichnete Abenteurer wie Tim & Struppi von Hergé oder Lucky Luke und die Daltons von Morris haben im Brüsseler Warenhaus Maison Waucquez, Zandstraat 20, eine noble Logis gefunden. Das größte **Comic-Museum** der Welt zeigt u. a. Originalentwürfe sowie ein Studio für Zeichentrickfilme (🕓 tgl. außer Mo 10–18 Uhr).

# Essen und Trinken

Die belgische Küche ist eine gelungene Mischung aus der aufwendigen, gehaltvollen bürgerlichen Küche der wohlhabenden Kaufleute Flanderns und Brabants sowie dem Raffinement der französischen Kochkunst.

Erfreulicherweise sind die regionalen Spezialitäten bis heute nicht untergegangen, sondern werden nach wie vor mit Sorgfalt gepflegt. Schinken aus den Ardennen, kräftige Gemüsesuppen, frische Muscheln und Krabben können der vielversprechende Auftakt zu einem Mahl sein.

Zum Hauptgang serviert man gern Fisch oder Meeresfrüchte, in der Saison häufig Muscheln in köstlichem Gemüsesud. Kaninchen mit Pflaumen oder in Senfsoße und „Flämische Karbonade" (eine Art Rinderschmorbraten) sind ebenfalls nicht zu verachten. Im März sind Hopfensprossen eine Delikatesse, die Kenner für noch köstlicher halten als den Spargel von Mechelen. In den Ardennen und in Luxemburg stehen häufig Forelle oder Wild auf der Speisekarte. Die bekannteste Spezialität des Landes allerdings sind die „Frietes". Fast an jeder Ecke brutzelt so eine „Frituur" vor sich hin und verkauft neben den gelben Stäbchen auch Schaschliks, Kroketten und Fleischbällchen. Auch in Mittelklasserestaurants bekommt man ganz selbstverständlich zu Aal in grüner Soße eine Schale Pommes frites hingestellt. Doch bevor die belgische Küche in Verruf gerät, sei versichert, dass die Pommes frites in der Regel trocken, knusprig und immer frisch sind.

Wer Süßes mag, kann schwelgen. Fast jede Stadt hat ihre eigenen Spezialitäten: *Baisers de Malmédy* (Sahnebaisers), *Couques* (aromatisiertes Brot in Brüssel, hartes Gewürzbrot in Dinant), *Kletskoppen* (Krokantplätzchen aus Brügge), *Lierse Vlaaikens* (Torte aus Frischkäse und Mandeln aus Geraardsbergen) oder *Noeuds* (Karamelbiskuits aus Brügge). Ein Exportschlager (von Weltruf) sind die Brüsseler Pralinen.

### Spezialitäten

**Choesels:** Innereien mit Champignons. **Doubles:** zwei mit Käse aus Herve oder Maredsous gefüllte Crêpes (Binche). **Hochepot:** Innereien vom Schwein mit Speck und Gemüse (Gent). **Potjesvlees:** kaltes Fleisch von Kalb, Kaninchen oder Huhn (Veurne). **Tarte al djote:** heißer Käsekuchen mit Eiern und Sahne (Nivelles). **Waterzooi:** dicke Suppe mit Huhn oder Fisch und Kräutern (Gent, Brügge). **Judd mat garde bo'nen:** geräucherter Schweinenacken mit Bohnen (Luxemburg). **Angouille au vert:** Aal in grüner Sauce mit vielen Kräutern.

Belgien ist ein Land der Biertrinker. 400 verschiedene Biersorten zählt man, und sie weisen ebenso große Unterschiede auf wie die guten Weine. Während in der Wallonie überwiegend helles, untergäriges Bier (Pils) getrunken wird, kennt der Erfindungsreichtum der Bierbrauer in Flandern kaum Grenzen. Einige Biere sind allerdings gewöhnungsbedürftig: Dazu gehören das beliebte Gueuze, das frisch und säuerlich schmeckt, das Kriek, das beim Brauvorgang mit Kirschen versetzt wird, das mit Kandis gewürzte Faro oder das Oerbier, das an Buttermilch erinnert. Zu den starken, sehr wohlschmeckenden Bieren zählen die bittersüßen Sorten Scotch und Stout, die dunklen Trappistbiere oder die weit verbreiteten Abdij-Biere.

# Urlaub aktiv

## Bootsfahrten

Eine angenehme Abwechslung ist eine „Kreuzfahrt" auf einem der Flüsse oder Kanäle, beispielsweise die Fahrt von Dinant nach Namur oder eine Tour von Halle nach Ronquières über die „Schiefe Ebene von Ronquières", ein gigantisches Schiffshebewerk.

i **Dinant-Tour,** 64, rue Daoust, B-5500 Dinant, ☎ 0 82/ 22 23 15, FAX 22 53 22, und Reko-Cruising, 9300 Aalst, Heilig-Hartlaan 30, ☎ 0 53/78 40 27, FAX 1 08 10.

## Freizeitparks

Kleinere Einrichtungen bestehen in allen Urlaubsgebieten, die größeren sind meist einen Extrabesuch wert. Die bekanntesten sind: *Bruparc* mit Mini-Europe in Brüssel, *Bobbejaanland* bei Herentals, *Melipark* in Adinkerke bei De Panne, *Telecoo* in Coo bei Stavelot und der Safaripark *Deigné-Aywaille.*

## Kajak fahren

Für Einsteiger ein spannendes Erlebnis: Abfahrten mit Paddelbooten und Kajaks auf den Ardennenflüssen Ourthe und Lesse. Obwohl es teilweise durch kleine Stromschnellen geht, die verlässlich dafür sorgen, dass man pitschnass wird, ist der Spaß völlig ungefährlich. Die Boote kann man in vielen Ardennenstädten mieten, für den Rücktransport wird gesorgt.

## Rad fahren

Eine Unzahl gut gepflegter, ausgewiesener Radwege durchzieht das Land, alle vorstellbaren Streckenlängen und Schwierigkeitsgrade stehen zur Verfügung. Fahrradverleih wird in vielen Orten angeboten.

Für Mountainbiker sind an die 75 Tagestouren ausgearbeitet, gekennzeichnet mit den internationalen blauen Markierungen.

## Schwimmen

Der etwa 67 km lange Nordseestrand ist ein Badeparadies für alle, die auch einmal mit niedrigeren Wassertemperaturen vorlieb nehmen. Der Sandstrand ist bis zu 100 m breit, an den meisten Stellen schirmt ein breiter Dünengürtel den Strand vom Festland ab.

## Skilanglauf

Die Ardennen sind das Langlaufdorado der Belgier. Ca. 600 km gespurte Loipen gibt es u. a. im Hohen Venn, v. a. um Bütgenbach und Malmédy, bei Spa und Francorchamps, um Baraque de Fraiture, Bastogne und St-Hubert.

**Fremdenverkehrsamt der Ostkantone,** Mühlenbachstr. 2, 4780 St. Vith, ☎ 0 80/22 76 64, FAX 22 65 39.

## Wandern

Ein hervorragendes Wandergebiet sind die Ardennen, die von einem dichten Wegenetz durchzogen sind. Wanderführer und -karten stellt nahezu jedes Verkehrsamt zur Verfügung.

Auch im Hohen Venn, nahe der deutschen Grenze, lassen sich eindrucksvolle Wanderungen unternehmen. Allerdings ist zu beachten, dass ein großer Teil des Naturschutzgebietes nicht mehr betreten werden darf; andere Gebiete sind nur mit autorisierten Führern zugänglich.

**Naturparkzentrum Botrange,** 4950 Robertville, ☎ 0 80/44 57 81.

# Unterkunft

## Hotels

Im Allgemeinen muss man für die Unterkunft in Luxemburg und Belgien mit ähnlichen Kosten wie in Deutschland rechnen. Sowohl der flämische als auch der wallonische Tourismusverband geben jedes Jahr ein Hotelverzeichnis mit Preisangaben und Kategorien heraus, die beim Belgischen Verkehrsamt (s. S. 93) zu bekommen sind.

**Tipp** Alle Hotels können auch kostenlos über *Belgium Tourist Reservations* gebucht werden (☎ 00 32/2/5 13 74 84, Fax 5 13 92 77).

### Ideal für Kurzbesuche

Preiswerte Arrangements von Stadthotels und Landquartieren sind in Broschüren der Tourismusregionen zusammengefasst. Informationen und Buchung: Belgium Tourist Reservations, Anspachlaan 111-b4, 1000 Brüssel, ☎ (in Deutschland) 01805-500 17 07, Fax 500-17 12.

## Camping

Belgien und Luxemburg sind wahre Paradiese für Campingfreunde. Besonders dicht ist das Netz der Campingplätze an der Nordseeküste und in den Ardennen. Auch hierfür kann man ein vollständiges Verzeichnis beim Belgischen Verkehrsamt (s. S. 93) erhalten.

## Jugendherbergen

Auskünfte erteilen: *Vlaamse Jeugdherbergcentrale,* Van Stralenstraat 40, B-2060 Antwerpen, ☎ 03/2 32 72 18, Fax 2 31 81 26. *Les Auberges de Jeunesse,* Rue Van Oost 52, 1030 Brüssel, ☎ 02/2 15 31 00, Fax 2 42 83 56.

# Reisewege

## Mit dem Flugzeug

Der Flughafen Brüssel-Zaventem – 15 km vom Zentrum entfernt – wird von den großen Flughäfen Deutschlands, Österreichs und der Schweiz direkt angeflogen.

Zwischen Brüssel-Zaventem und dem Airterminal im Zentrum verkehrt der Bahnzubringer im 20-Minuten-Takt. Von den drei Bahnhöfen fährt stündlich ein Bus zum Flughafen. Zusätzlich gibt es regelmäßige Busverbindungen nach Antwerpen (50 Min.) sowie nach Lüttich (90 Min.).

Der Flughafen Findel (Luxemburg) – 5 km vom Zentrum (Zubringerbusse) – wird mehrmals täglich von Frankfurt/M. und Zürich angeflogen. Auskünfte erteilen die Fluglinien bzw. die Reisebüros.

## Mit der Eisenbahn

Das belgische Schienennetz ist eines der dichtesten der Welt. Die besten Verbindungen bestehen auf den Strecken Köln–Brüssel–Paris bzw. Köln–Brüssel–Oostende und Berlin–Oostende.

Luxemburg ist über die Moselstrecke Koblenz–Trier–Luxemburg–Brüssel oder Aachen–Lüttich–Metz–Nancy an das europäische Schienennetz angeschlossen.

**i** Günstige Angebote der Bahn und die Tourrail-Zeitkarten für Belgien können bei den Vertretungen der Fremdenverkehrsämter in Deutschland (s. S. 93) oder Reisebüros eingeholt werden.

## Mit dem Auto

Führerschein und Zulassung sind bei der Einreise mit dem Auto für beide

Länder ausreichend. Das Nationalitätskennzeichen muss am Heck des Wagens angebracht sein. Die Mitnahme der grünen Versicherungskarte empfiehlt sich. Von Deutschland aus ist Belgien auf folgenden Routen zu erreichen:
- von Norden über die E 34 Venlo–Eindhoven–Antwerpen;
- von Osten über die E 40 Köln–Aachen–Lüttich–Brüssel–Oostende;
- von Südosten über die E 42 Trier–Malmédy oder über die E 411 Luxemburg–Namur–Brüssel.

**Tipp** Generell sind Belgier bedächtige Autofahrer, doch in den verwinkelten Innenstädten mit ihrer unübersichtlichen Verkehrsführung verlieren sie ebenso schnell die Nerven wie ortsfremde Urlauber. Angenehmer ist daher die Anreise per Bahn, zudem bietet die Deutsche Bahn den günstigen Sparpreis Belgien an, ☎ 01805-99 66 33.

## Pannendienst

Besitzer eines Auslands- oder Euroschutzbriefes können rund um die Uhr telefonisch kostenlose Pannenhilfe von der nächsten Zentrale des belgischen Automobilklubs (TCB) anfordern.

**i** **Touringclub Royal de Belgique (TCB),** 44, rue de la Loi, B-1040 Brüssel, ☎ 02/2 33 22 22. Antwerpen: ☎ 03/3 53 88 88; Brügge: ☎ 0 50/81 17 17; Lüttich: ☎ 0 41/9 68 79 91.

## Höchstgeschwindigkeit

Autobahnen und Schnellstraßen 120 km/h; Landstraßen: 90 km/h; Ortschaften: 50 km/h.

Polizeinotruf: ☎ 1 01.
Unfallrettung: ☎ 1 00.
In Luxemburg:
Pannendienst: ☎ 45 00 45.
Polizeinotruf und Unfallrettung: ☎ 012.

# ** Brüssel

## Der barocke Schmaus

Seite 27

**Brüssel (frz. *Bruxelles*, fläm. *Brussel;* 950 000 Einw.) war jahrhundertelang die Hauptstadt des reichen Brabant und wurde nach der Gründung des belgischen Staates Metropole und Residenzstadt des neuen Königreichs. Wohlhabende Tuchhändler, Kaufleute und Handwerker haben das Stadtzentrum geprägt. Der Große Marktplatz (Grand' Place) ist eine barocke Hymne an die Tatkraft der bürgerlichen Zünfte und Gilden, die in den klassizistischen Gebäuden rund um das königliche Schloss einen gründerzeitlichen Nachhall findet. Zum Ende des 20. Jhs. verfiel die Stadt erneut einem Bauboom: Die Mammutverwaltungen von NATO und EU legten einen Ring aus Hochhäusern rund um Brüssel und machten aus der einstigen Kaufmannsstadt die Verwaltungsmetropole Europas. Um einen ersten Eindruck von der lebendigen Stadt zu bekommen, reicht ein Wochenende gerade aus.**

## Geschichte

*Bruocsella*, die „Siedlung in den Sümpfen", wird urkundlich erstmals 966 erwähnt, obwohl der Ort bereits in der Jungsteinzeit, unter den Römern und den Franken, besiedelt war. An der Handelsstraße Brügge–Köln gelegen, gewinnt die Siedlung als Warenumschlagplatz schnell an Bedeutung. 1401 wird das erste Rathaus an der Grand' Place gebaut. Doch erst 1531, als Karl V. Brüssel zur Hauptstadt der spanischen „Niederen Lande" macht und der Kanal von Willebroeck die Verbindung mit dem Seehafen Antwerpen herstellt, entwickelt Brüssel ein eigenständiges Profil unter den reichen flandrischen Städten. Künstler und Gelehrte machen hier Station, Aufstände gegen die spanische Herrschaft nehmen hier ihren Anfang. 1695 schießt die Armee Louis' XIV. von Frankreich bei ihren Eroberungsversuchen fast die gesamte Unterstadt in Schutt und Asche. Sowohl unter spanischer als auch unter österreichischer und seit 1789 unter französischer Herrschaft bleibt Brüssel zwar Hauptstadt, zu bemerkenswertem wirtschaftlichem Wachstum kommt es aber erst nach der Revolution von 1830. Nun errichtet man repräsentative Bauten und restauriert die Grand' Place, die vom einstigen Ruhm künden soll.

Die Weltausstellung von 1958 verhilft Brüssel zu ungeteilter Aufmerksamkeit, im Jahr darauf richten hier die EWG und die EURATOM ihren Sitz ein, später auch die NATO.

Als Kunststadt von Weltrang und als Dienstleistungszentrum Nummer eins hat Brüssel gegen Ende des 20. Jhs. nichts von seiner Anziehungskraft verloren.

## Sehenswürdigkeiten

** **Grand' Place** *(Grote Markt)* ❶, einer der schönsten Plätze der Welt und als UNESCO-Weltkulturerbe ausgezeichnet, ist das prächtige Herz der Stadt. Hier stand schon im 13. Jh. eine Tuchhalle, Marktstände wurden hier aufgeschlagen, Feste gefeiert und Turniere abgehalten, aber auch Gerichtsurteile vollstreckt: 1568 ließ der Herzog von Alba die Grafen Hoorn und Egmont hier hinrichten. Nach den Zerstörungen durch die französischen Truppen 1695 wurden die Zunft- und Gildehäuser nach einem festgelegten Bebauungsplan rund um den Platz mit seinen beachtlichen Ausmaßen (110 x 70 m) umso prächtiger wiederhergestellt: Und so unterschiedlich sie sich auch im Einzelnen darstellen – die vielfenstrigen, mit unzähligen Säulchen, Girlanden und Figuren verzierten Fassaden mit den phantasievollen Giebeln fügen sich harmonisch ineinander.

**Hôtel de Ville** *(Stadhuis)* ❷. Das Rathaus mit seinem 96 m hohen Turm wurde 1449 nach Plänen von Jan Ruysbroek erbaut. Die Skulpturen der barocken Fassade stellen Szenen aus der Stadtgeschichte dar. Das Innere birgt eine Sammlung Brüsseler und Mechelener Bildteppiche.

*Halle au Pain* ❸. Das Brothaus am einstigen Platz des Zunfthauses der Bäcker steht auf der anderen Platzseite. Sein französischer Name, *Maison du Roi* (Haus des Königs), belegt seinen Funktionswandel unter Philipp II., der daraus den Sitz verschiedener Gerichtshöfe machte. Heute ist dort das **Stadtmuseum* untergebracht, das neben einer großen Anzahl von Objekten zur Stadtgeschichte auch die Kostümsammlung des **Manneken Pis** ❹ umfasst. Es hat sich eingebürgert, dass Staatsbesucher aller Länder ihm einen Anzug ihrer Landestracht oder Uniform mitbringen (🕓 Mo–Fr 10–12.30 und 13.30–17 Uhr, Sa, So, Fei 10–13 Uhr). Ein Brüssel-Besuch ohne einen Abstecher zu dem kleinen pinkelnden Jungen in der Stoofstraat ist nicht komplett. Die immer wieder gestohlene und ersetzte Figur stammt aus dem 17. Jh. und soll den rebellischen Geist der Bürger verkörpern. In den letzten Jahren hat der Kleine eine Schwester bekommen, **Janneken Pis,** die der gleichen Beschäftigung in der nahen Impasse de la Fidélité nachgeht.

**Tipp** Spaziergänge zu kulturellen Themen, wie etwa dem Surrealismus in Brüssel sind die Spezialität von **Arcadia,** 38, rue de Métal 1060 Brüssel, ☏ 02-53 43 819 und **Hinéraires,** 157, rue de l'Hôtel des Monnais, 1060 Brüssel, ☏ 02-53 90 434.

**Bourse** *(Beurs)* ❺. Die Brüsseler Börse stieg im 19. Jh. zum Brennpunkt des wirtschaftlichen Geschehens der Stadt auf. Als Tempel des Geldes mit Säulenhalle, Giebelfeld und mächtiger Kuppel sowie in Stein gearbeiteten allegorischen Darstellungen des Handels, der

*Giebel an der Grand-Place*

*Die Galeries St-Hubert*

*Blumenteppich auf der Grand-Place*

Seite 27

Industrie und der Seefahrt ist sie ein wirkungsvoller Kontrapunkt zum barocken Marktplatz. Geradezu bescheiden nimmt sich dagegen die benachbarte Kirche **St-Nicolas (Sint-Niklaaskerk)** ❻ aus, die die Brüsseler Kaufleute sich bereits an der Wende vom 11. zum 12. Jh. errichtet haben. Kleine Läden lehnen sich an die Kirchenmauer und verleihen dieser Ecke der Stadt ein altertümliches Flair.

Seite 27

* **Rue de Bouchers** *(Beenhouwersstraat).* In der Gegend hinter dem Marktplatz wird es kulinarisch interessant. Die zahlreichen, durch ihre exquisiten Auslagen auffallenden Restaurants haben diesem Teil der Stadt den Beinamen *„Bauch von Brüssel“* eingebracht. Die * **Galeries St-Hubert** (*Sint-Hubertus-Galerijen)* ❼, die erste überdachte Geschäftsstraße Europas, 1846 angelegt, beherbergt elegante Läden und Cafés.

Die *Oberstadt,* westlich des alten Zentrums, ist geprägt von der Epoche König Leopolds II. (1865–1909). Hier dominieren Klassizismus und Historismus, die große Geste des königlichen Bauherrn. Am Westhang der Oberstadt ragt die mächtige Fassade der in Brabanter Gotik erbauten Kathedrale * **Cathédrale St-Michel** *(Sint-Michielskathedraal)* ❽ auf. Die zwei 69 m hohen Türme blieben unvollendet. Im Inneren schmücken lebensgroße Apostelfiguren und die für Belgien typische Barockkanzel aus dem Jahr 1669 die weiträumige Halle des Mittelschiffs. Unter den vielen erhalten gebliebenen * *Fenstern* (16. Jh.), die nur wenig Licht in das Querschiff und den Chorraum lassen, sind jene des Malers *Bernhaert van Orley* von besonderem Reiz.

**Colonne du Congrès** *(Congreszuil)* ❾. Die von einer Statue des ersten belgischen Königs Leopold I. bekrönte Säule erinnert an die Verkündung der belgischen Verfassung 1830/31.

**Palais du Roi** *(Koninklijk Paleis)* ❿. Das königliche Schloss steht im Südteil des *Parc de Bruxelles,* der größten Grünanlage der Stadt, die auf ein ehemaliges herzogliches Jagdrevier zurückgeht. Die Residenz des belgischen Königs wurde Mitte des 19. Jhs. errichtet und zu Anfang dieses Jahrhunderts erweitert. Die Sammlungen von Glas, Porzellan und Silber sind zugänglich. Im Zentrum der von dem französischen Architekten Guimard im klassizistischen Stil angelegten *Place Royale/Koningsplein* steht das Reiterstandbild Gottfrieds von Bouillon, des Führers des Ersten Kreuzzugs (1097). Gegenüber der tempelartigen königlichen Hofkirche **St-Jacques Coudenberg** *(Sint Jacob Koudenberg)* (1776–1785) befinden sich die Eingänge zu den bedeutendsten Kunstsammlungen des Landes.

** **Musées des Beaux-Arts** *(Paleis voor Schone Kunsten)* ⓫. Die beiden Kunstmuseen besitzen Werke sämtlicher großen Maler des Landes, von *van der Weyden* und *Bouts* über *Rubens* und **Brueghel* bis hin zu *Magritte* und *Ensor* – eine Sammlung von Weltrang. 🕓 Museum für Alte Kunst, tgl. außer Mo 10–17 Uhr; Museum für Neue Kunst, tgl. außer Mo 10–13 und 14–17 Uhr.

## Schätze der Jugendstilarchitektur

Eine architektonische Spezialität Brüssels sind die zahlreichen erhaltenen Jugendstilbauten. Entwürfe der Architekten Victor Horta und Paul Hankar kann man u. a. in der **Avenue Louise,** um die **Avenue Brugman** sowie im **Quartier des Squares** und im **Quartier Saint Boniface** bewundern, das **Musée Horta** findet man in der Amerikaansestraat 25 (🕓 tgl. außer Mo 14–17.30 Uhr).

**Mont des Arts** *(Kunstberg)* ⓬. Zu dem verschiedene Museen umfassenden Komplex aus den 50er-Jahren, zählt auch die **Bibliothèque Royale Albert Ier/Koninklijke Bibliotheek Albert I* mit gut

2 Mio. Bänden und der wertvollen Handschriftensammlung Philipps des Guten von Burgund.

Die Maison Roi d'Espagne an der Grand' Place

Seite 27

Von der Oberstadt aus hat man nicht nur einen prächtigen Blick auf die Innenstadt, sondern auch auf einen architektonischen Alptraum, den man aus dieser Entfernung gerade noch ertragen kann. Das * **Palais de Justice** *(Justitiepaleis)* ⑬, das die Brüsseler treffend „Mammut" nennen, ist der größte Monumentalbau des 19. Jhs. Er wurde nach Plänen des Architekten Poelaert von 1866–1883 errichtet und beansprucht eine Grundfläche von insgesamt 25 000 m².

Blick von der Oberstadt auf die Basilika am Koekelberg

Da steigt man lieber zur *Place du Petit Sablon/Kleine Zavel* hinunter, wo ein beschaulicher Park hinter schmiedeeisernen Gittern wartet. Die 48 Bronzestatuen stellen Zunftmeister des 16. Jhs. dar. Unter anderem sind so interessante Berufe wie der des Ziegel- und des Strohdachdeckers, des Stuhldrechslers, des Goldschlägers und des Stockfischhändlers vertreten. Jenseits der *Rue de la Régence* steht die an Kunstwerken sehr reiche spätgotische Kirche * **Notre-Dame-du-Sablon** *(Onze Lieve Vrouw op de Zavel)* ⑭, die im 15. Jh. errichtet wurde. In einer der barocken *Chorkapellen* liegen Mitglieder der Familie von Thurn und Taxis begraben.

Am Wochenende lockt die **Place du Grand Sablon** *(Grote Zavel)* mit einem großen Buch- und Antiquitätenmarkt.

Das Atomium wurde 1958 zur Weltausstellung gebaut

Doch Brüssel, das ist nicht nur gepflegte Urbanität und großer Gestus, auch **Les Marolles** ⑮, die traditionell aufmüpfige Unterstadt südwestlich des Justizpalastes, gehört natürlich dazu. Nirgendwo werden die sozialen und wirtschaftlichen Probleme vieler Hauptstadtbewohner – einkommensschwache Bevölkerungsschichten, die mit Wohnungsnot und Arbeitslosigkeit zu kämpfen haben – so deutlich wie hier.

Auf einem Streifzug durch das Viertel mit den schmalen Gassen, steilen Treppenwegen und den winzigen Geschäften kann man gelegentlich auch das „Bruxellois" hören, den von verschiedenen Sprachen beeinflussten lokalen Dialekt.

Seite 27

## Süße Verführung

Tradition und beste Qualität prägen das Pralinen-Angebot der **Confiserie Neuhaus** in der **Galerie de la Reine.** Seit 1912 mischt man dort Schokolade, Nüsse, Cremefüllungen und andere Köstlichkeiten zu perfekten Leckereien. Internationaler Verkaufsschlager ist das Ballotin mit 65 feinen Sorten.

## Weitere Sehenswürdigkeiten

Im Norden Brüssels liegt der Stadtteil **Laeken** inmitten eines 160 ha großen Waldparks, in dem das im 18. Jh. erbaute und heute von der belgischen Königsfamilie bewohnte Schloss mit den *****_Königlichen Treibhäusern_ sind (⏲ ab Ende April für zwei Wochen geöffnet; ☎ 02/5 51 34 02).

Das ***Atomium** ist eine 165-milliardenfache Vergrößerung eines Eisenmoleküls und symbolisiert das Atomzeitalter. Die neun Kugeln bieten Raum für kleine Ausstellungen (⏲ tgl. 9.30 bis 20 Uhr). Der Freizeitpark *Bruparc* besitzt vier Bereiche: einen Jahrmarkt, Mini-Europe mit Modellen prominenter Bauwerke, ein Bad mit allen Schikanen und Kinepolis, ein riesiges Kino.

**Tipp** Nicht das Sehen, sondern das Fühlen, Tasten, Riechen und Schmecken von Exponaten bestimmt das Programm des *Museums für Blinde* im **Brüsseler Jubelpark** *(Parc du Cinquantenaire)* (☎ 27 41 72 11). Zudem kann man dort ein *Kunst- und Geschichtsmuseum,* ein *Militärmuseum* und die *Autoworld* besuchen.

Zu den lohnenden Ausflügen gehört auch der Besuch des *Zentralafrika-Museums* in **Tervuren.** Leopold II. ließ es inmitten eines Buchenwaldes errichten. Zu empfehlen ist die Fahrt dorthin mit der Tram 44 ab Montgomeryplatz (⏲ tgl. 10–17 Uhr).

## Praktische Hinweise

**Grand' Place,** ☎ 02/5 13 89 40, Fax 5 14 45 38. Das Faltblatt mit dem Titel „Art Nouveau" informiert über eine Besichtigungstour mit öffentlichen Verkehrsmitteln zu den schönsten Bauwerken dieser Epoche.

**Métropole,** 31, pl. de Brouckère, ☎ 2 17 23 00, Fax 2 18 74 45. Im Stil der Belle Époque. $$$
**Auberge St-Michel,** 15, Grand' Place, ☎ 5 11 09 56, Fax 5 11 46 00. Einfach, für die Lage erstaunlich günstig. $$

**Taverne du Passage,** 30, Galerie de la Reine, ☎ 5 12 37 31. Traditionsreiches Restaurant mit deftiger Küche. $$
**Mort subite,** Warmoesberg 7, ☎ 5 13 13 18. Gemütlich. $$
**Bij den Boer,** 60, Quai aux briques, ☎ 51 61 22. Am alten Fischmarkt, einfach, familiär, gut. $

*Antiquitäten:* **Galuchat,** 182, av. Louise (Jugendstil, Art déco);
**Francis Janssens-Van der Maelen,** bd. de Waterloo 26 (Silber).
*Feinkost:* **Bernard,** 93, rue de Namur;
**Chatton,** 82, av. Broustin;
**Ph. Denys,** 19, rue Lebeau (Schmuck)
**Ferme Landaise,** 41, rue Ste-Cathérine.
*Märkte:* **Antiquitätenmarkt** an der Place du Grand Sablon (⏲ Sa 9–18 Uhr, So 9–14 Uhr);
**Vogel- und Blumenmarkt** auf der Grand' Place (⏲ So 7–14 Uhr).

❶ Grand' Place
❷ Hôtel de Ville
❸ Halle au Pain
❹ Manneken Pis
❺ Bourse
❻ St-Nicolas
❼ Galeries St-Hubert
❽ Cathédrale St-Michel
❾ Colonne du Congrès
❿ Palais du Roi
⓫ Musées des Beaux-Arts
⓬ Mont des Arts
⓭ Palais de Justice
⓮ Notre-Dame-du-Sablon
⓯ Les Marolles

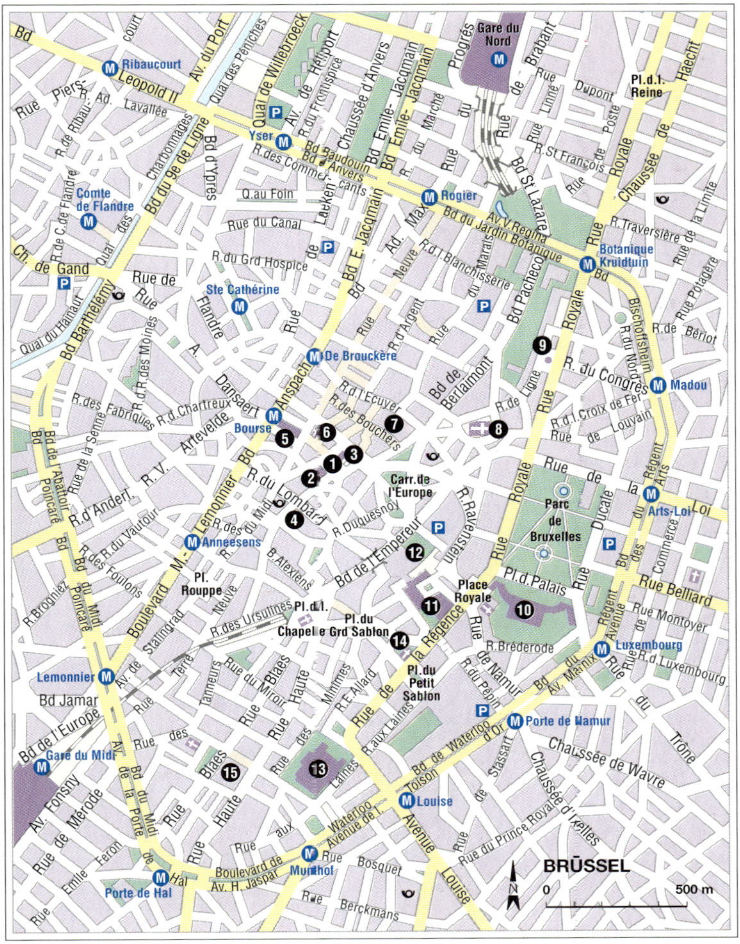

# Antwerpen

Seite 33

## Die Schatzkammer an der Schelde

**Antwerpen (frz. *Anvers*) hat einschließlich seiner Vororte über 468 000 Einwohner. Die Hauptstadt der gleichnamigen Provinz bildet damit neben Brüssel den zweitgrößten Ballungsraum Belgiens. Ihre überregionale wirtschaftliche Bedeutung gewinnt die Stadt durch ihre modernen Hafenanlagen, die zu den leistungsfähigsten der Welt zählen, und die Automobil- und Chemieindustrie. Auch in der Vergangenheit bestimmte der Hafen die Entwicklung der Stadt. Handel und Wirtschaft schufen eine ungewöhnlich weltoffene Atmosphäre, in der Kunst und Kultur ideale Voraussetzungen fanden.**

## Geschichte

Glaubt man der Legende, entstand der Name der Stadt so: Der Riese Antigon schlug Schelde-Schiffern, die ihm keinen Wegzoll entrichten wollten, die Hände ab und warf diese in den Fluss (*Hand werpen* = Antwerpen). Schließlich soll der römische Legionär Silvio Brabo den grausamen Riesen besiegt und den Grundstein zu einer Siedlung gelegt haben, deren Spuren bis heute allerdings nicht gefunden werden konnten. Erst für die fränkische Zeit kann eine Siedlung am Ufer der Schelde nachgewiesen werden. 1315 in die Hanse aufgenommen, steht die Stadt dennoch bis zum 16. Jh. im Schatten der mittelalterlichen Handelszentren Gent und Brügge. Nach deren Niedergang tritt Antwerpen ein reiches Erbe an. Schon 1565 ist es mit mehr als 100 000 Einwohnern nach Paris die größte Stadt nördlich der Alpen. Gleichzeitig leiten aber die Auseinandersetzungen zwischen den reformierten Niederländern und den katholischen Spaniern einen Niedergang ein, der mit der Sperrung der Schelde durch die protestantischen Nördlichen Niederlande besiegelt wird. Innerhalb von nur fünf Jahren wandern 40 000 Bürger ab, vornehmlich Kaufleute und Handwerksmeister, aber auch Künstler und Gelehrte. Ungeachtet dieser Schwierigkeiten erreicht das kulturelle Leben der Stadt im 17. Jh. durch Maler wie Rubens, van Dyck und Jordaens seinen Höhepunkt. Napoleon, unter dessen Herrschaft die Schelde frei und der Hafen modernisiert wird, beendet eine Phase wirtschaftlicher Rezession. Als Haupthafenstadt der Kolonialmacht Belgien gelangt Antwerpen um die Jahrhundertwende zu neuem Reichtum. Die Anpassung an die Erfordernisse des modernen Seeverkehrs und der Ausbau zum Industriestandort schaffen die ökonomische Grundlage des heutigen Antwerpen.

## Sehenswürdigkeiten

Um der Bedeutung der Schelde für die Entwicklung der Stadt gerecht zu werden, sollte ein Stadtrundgang am besten an ihrem Ufer beginnen.

**Steen ❶.** Die alte Burganlage, deren Grundmauern ins 9. Jh. zurückgehen, sind der markanteste Blickfang am Kai und gleichzeitig die ältesten noch vorhandenen Siedlungsreste der Stadt. Ihr heutiges Aussehen erhielt die Festung zu Beginn des 16. Jhs. Die dunklen Reste des ursprünglichen Baus kann man leicht von den in hellem Sandstein neu entstandenen Teilen unterscheiden. Heute ist in der Burg das **Nationale Schifffahrtsmuseum (Nationaal Scheepvaartmuseum)* untergebracht (🕓 Di–So 10–16.45 Uhr).

Die nahe gelegene *Aussichtsplattform* bietet einen guten Rundblick über den

*Jahrhundertwendebau am Boulevard De Keyserlei in Antwerpen*

Creyf's
Interim

alten Kai. Am nördlichen Horizont lassen sich bei guter Sicht unzählige Ladebäume der modernen Hafenanlage ausmachen, stadteinwärts beherrscht der majestätische Turm der Liebfrauenkathedrale das Bild.

Seite 33

Jenseits der breiten Uferstraße führt eine Gasse etwas nördlich zum spätgotischen ***Vleeshuis** *(Fleischhalle)* ❷. Von de Waghemakere, einem der großen Baumeister des 16. Jhs., stammen die Pläne zu diesem Zunfthaus der Metzger. Rote Ziegel und weißer Sandstein der Fassade sollen an durchwachsenen Speck erinnern. Die obere Etage diente den Fleischern als Sitzungssaal, die untere als Verkaufsraum. Geschlachtet wurde in der Gasse davor. Heute werden die Räume vom **Museum für Stadtgeschichte* (Archäologie, Fayencen und Musikinstrumente) genutzt. Sehenswert sind der hölzerne Dachstuhl und die große Verkaufshalle.

Weiter geht es durch die *Vleeshouwersstraat* in die parallel laufende *Doornikstraat*. Anschließend durchquert man ein Sanierungsgebiet. Obwohl der Verlauf der schmalen mittelalterlichen Gassen beibehalten wurde, entstand hier ein modernes Wohnviertel in ruhiger und zentraler Lage.

**St.-Pauluskerk** ❸. Am Ende der *Hofstraat* liegt der *Veemarkt* mit der Paulskirche. Der spätgotische Dominikanerbau (16. Jh.) ist üppig ausgestattet mit Skulpturen und Gemälden flämischer Meister, u. a. von Rubens, Jordaens und van Dyck. Besonders eindrucksvoll sind der Hauptaltar und das kostbare Schnitzwerk des Beichtstuhls.

**Brouwershuis** ❹. Zum Zunfthaus der Bierbrauer (16. Jh.) führt ein lohnender Abstecher entlang der Scheldekais nach Norden. Außer dem Ratssaal können die früher von Pferden angetriebenen Pumpanlagen besichtigt werden. Da das gewöhnliche Wasser zur Herstellung des Bieres aus hygienischen Gründen nicht verwendet werden durfte, mussten viele Brauereien ihr Wasser von hier beziehen.

***St.-Carolus-Borromeuskerk** ❺. Blickfang ist die mächtige und überaus prächtige Fassade der dem heilig gesprochenen italienischen Erzbischof Karl Borromäus (Carlo Borromeo) geweihten Barockkirche. In ihrer klaren Stockwerkaufteilung mit dorischen und ionischen Säulen klingen Elemente der Renaissance nach. Die Karlskirche ist eine der wenigen Barockkirchen Belgiens. Rubens soll an den Plänen für die Fassade mitgewirkt haben. Im Inneren sind die Krypta, die Sakristei sowie die *Rubenskapelle* eine Besichtigung wert.

***St.-Jacobskerk** ❻. Mit dem Bau der spätgotischen Jakobskirche wurde gegen Ende des 15. Jhs. begonnen, rund 200 Jahre später war sie fertig gestellt. Sie ist nach der Kathedrale der wichtigste Sakralbau der Stadt. Die kreuzförmige Basilika bietet mit ihren beidseitigen Kapellenreihen und dem Kapellenkranz des Chors viel Raum für die mit Kunstschätzen geschmückten Grabmäler einflussreicher Bürger der Stadt. In einer Grabkammer hinter dem barocken Hochaltar seiner Pfarrkirche fand *Peter Paul Rubens* (1577–1640) seine letzte Ruhestätte.

Die Kapelle schmückt eine „Jungfrau mit Heiligen“, eines seiner späten Gemälde, weitere Bilder stammen von seinem Schüler Jacob Jordaens.

***Rubenshaus** *(Rubenshuis)* ❼. Hier lebte der bedeutendste Maler Antwerpens von 1610 bis zu seinem Tod. Das repräsentative Stadtpalais orientiert sich am Vorbild italienischer Palazzi. Innenhof und Gartenanlage werden von dem in vielen Bildern des Meisters dargestellten **Portikus* in harmonischer Weise räumlich getrennt. Neben den prachtvoll ausgestatteten Wohnräumen sind das *Atelier* und *Kunstkabinett* des Malers, eigene Werke und Arbeiten seiner Schüler, aber auch Bilder anderer Meister, die er auf seinen Reisen sammelte, zu besichtigen.

Eine Pause in einem der Straßencafés der *Keyserlei* lässt sich mit einem Besuch des **Diamantmuseums** ❽ im ehemaligen *Judenviertel* verbinden, wo man den Diamantschleifern bei der Arbeit zusehen kann (🕓 tgl. 10–17 Uhr).

* **Plantin en Moretusmuseum** ❾. Über die elegante Einkaufsmeile Meir und den *Schoenmarkt* schlendert man zurück zu diesem Museum. Die Pracht des Gebäudes erschließt sich erst, wenn man die Innenräume betritt. Im Jahre 1549 gründete der Buchdrucker *Christoph Plantin* hier seine Druckerei, die einzige unter Philipp II., die das Recht besaß, Mess- und Gebetsbücher für das Spanische Reich – und das war damals die halbe Welt – zu drucken. Unter seinem Schwiegersohn Moretus und dessen Nachkommen arbeitete die Druckerei bis weit ins 19. Jh. hinein. Außer der Originalausstattung des Hauses ist eine der 13 Gutenbergbibeln, die *Biblia Regia*, zu sehen.

*Onze-Lieve-Vrouwekerk*

Seite 33

## Der Meister des Barock

Peter Paul Rubens wurde am 28. Juni 1577 im westfälischen Siegen geboren, wohin sein Vater, ein Rechtsgelehrter aus Antwerpen, vor den Wirren der Gegenreformation geflohen war. Nach dem Tod des Vaters kehrte er 1589 in die Heimatstadt der Eltern zurück und erhielt dort eine sorgfältige Ausbildung, die vom Geist des Humanismus geprägt war. Als 23-Jähriger ging er nach Italien und wurde Hofmaler des Herzogs Gonzaga in Mantua, der den jungen Mann auch mit diplomatischen Missionen betraute.

Als er 1608 wieder nach Antwerpen zurückkehrte und dort eine Werkstatt gründete, begann seine unvergleichliche Karriere: Aus seinem Atelier ging eine schier unerschöpfliche Zahl von Werken hervor, von denen er nicht weniger als 600 mit eigener Hand geschaffen hatte. Unter anderen arbeiteten Antonis van Dyck, Jacob Jordaens und Jan Brueghel, genannt Samt-Brueghel, in seiner Werkstatt. Fast alle denkbaren Sujets griff Rubens auf und bearbeitete sie mit nie versiegendem Ideenreichtum: Landschaften, Porträts, biblische, mythische, historische Szenen. Seine Anregungen bezog er sowohl aus seinen italienischen Jahren, in denen er neben den Gemälden von Tizian, Michelangelo und Leonardo da Vinci auch die Werke der Antike kennen gelernt hatte, wie auch aus den Bildwelten seiner niederländischen Landsleute. Groß angelegte Historienpanoramen erfüllte er mit seiner Farbenglut und seiner überströmenden Sinnlichkeit, dann wieder schuf er mit zartesten Rötelstrichen kleine, intime Bildnisse seiner Angehörigen.

Schon zu Lebzeiten ein berühmter und gefragter Künstler, der sich neben einem großzügigen Stadtpalais auch ein Landhäuschen leisten konnte, gilt Peter Paul Rubens heute nahezu als Inkarnation barocker Ausdruckskraft.

Seite 33

## Bier

Hausgebrautes Bier und deftige Kost aus der Region serviert man im **'t Pakhuis,** Vlaamse Kaai 76. Wer mehr über die weltberühmte belgische Bierkultur wissen will, muss nur den Braumeister etwas ausfragen.

Durch die *Hoogstraat* mit ihren vielen Läden gelangt man zum *Oude Koornmarkt.* Am Ausgang in der *Pelgrimstraat* bietet sich ein schöner Blick auf den nahe gelegenen Turm der Kathedrale.

** **Onze-Lieve-Vrouwekerk** ❿. Mit ihrem 123 m hohen Turm – von fünf geplanten – ist die Liebfrauenkirche der mächtigste Sakralbau Belgiens. Auf Betreiben der Bürgerschaft begann man 1352 mit diesem gotischen Bauwerk, das erst im Jahre 1521 vollendet werden konnte. Fünf Kapellen umgeben den Chor, der an seiner Außenfassade dicht von Häusern umstellt ist. Die Rückfronten dieser kleinen Läden und Cafés lehnen sich teilweise unmittelbar an die Mauern der Kathedrale.

Durch Brände in den Jahren 1443 und 1533, durch die Bilderstürmer und die Plünderungen während der Französischen Revolution wurde die Kathedrale stark beschädigt und ihre Ausstattung dezimiert. Der deshalb vergleichsweise schmucklose Innenraum beeindruckt durch seine Weite und die ausgewogenen Proportionen seiner Architektur. In dieser Umgebung entfalten zwei berühmte Werke von Rubens, die im Jahr 1614 in der Liebfrauenkirche aufgestellt wurden, unbeeinträchtigt ihre Wirkung: ***Die Kreuzaufrichtung* und *Die Kreuzabnahme.*

**Stadhuis** ⓫. Das von Cornelis de Vriendt zwischen 1561 und 1566 erbaute Rathaus prunkt an der Westseite des *Grote Markt,* des historischen Zentrums der Stadt. Der vertikale Mittelbau seiner ansonsten horizontal gegliederten Fassade repräsentiert den flämischen Renaissancestil und harmoniert gut mit den umstehenden gotischen *Zunft- und Gildehäusern.* Sie stammen aus dem 16. Jh., sind aber zum Teil erst im letzten Jahrhundert nach alten Plänen neu errichtet worden. Der aufwändige Schmuck ihrer Treppengiebel weist auf die früheren Besitzer hin (Nr. 5, *Haus der Böttcher;* Nr. 7, *Haus der Armbrustschützengilde;* Nr. 11, *Haus der Krämer*). Im Zentrum des Platzes steht der neubarocke *Brabo-Brunnen* mit der Darstellung der Entstehungslegende Antwerpens.

* **Museum Mayer van den Bergh** ⓬. Die Gemäldesammlung dieses Hauses kann wirklich als einzigartig bezeichnet werden. Das Museum verfügt u. a. über Werke wie die *Dulle Griet* von *Pieter Brueghel d. Ä.* und Bilder von *Dirk Bouts* sowie *Quentin Metsys.* Hinzu kommen hervorragende mittelalterliche Skulpturen, Elfenbeinarbeiten und Buchmalereien.

** **Koninklijk Museum voor Schone Kunsten** ⓭. Ein klotziger, neuklassizistischer Bau beherbergt die umfangreichste Sammlung niederländischer Malerei in Belgien. Dokumentiert wird die flämische Malerei über einen Zeitraum von fünf Jahrhunderten.

**Museum voor Hedendagse Kunst** ⓮. Im *Museum für Zeitgenössische Kunst* sind Exponate aus dem gesamten Spektrum moderner Kunst ausgestellt.

## Praktische Hinweise

**Dienst voor Toerisme,** Grote Markt 15, 2000 Antwerpen, ☎ 03/2 32 01 03, Fax 2 31 19 37.

**Columbus,** Frankrijklei 4, ☎ 2 33 03 90, Fax 2 26 09 46. Stilvoll, an der Oper. (S)

**Switel,** Copernikuslaan 2, ☎ 2 31 67 80, Fax 2 33 02 90. Großes, bequemes Haus in Bahnhofsnähe. (S)

**Industrie,** Emiel Banningstraat 52, ☎ 2 38 66 00, Fax 2 38 86 88. In einem schönen, alten Herrenhaus. (S)

**Monico,** Koningin Astridplein 34, ☏ 2 25 00 93, Fax 2 26 95 47. Zentral. günstig. ($)

**Rooden Hoed,** Oude Koornmarkt 25, ☏ 2 33 28 44. Beliebtes Restaurant, Muschelspezialitäten. ($)

**De Barbané,** van Breestraat 4, ☏ 2 32 81 98. Topgastronomie mit regionalem Touch. ($)

**De Peerdestal,** Wijngaardstraat 8, ☏ 2 31 95 03. Im Sommer angenehm zum Draußensitzen. ($)

Besuchen Sie auch den berühmten **Vogelmarkt,** am Oude Vaartplaats gelegen (So 7 bis 13 Uhr).

**Tipp** Die Museen von Antwerpen sind gewöhnlich tgl. außer Mo von 10 bis 17 Uhr geöffnet. Die Öffnungszeiten der Kirchen muss man beim Verkehrsamt erfragen.

1. Steen
2. Vleeshuis
3. St.-Pauluskerk
4. Brouwershuis
5. St.-Carolus-Borromeuskerk
6. St.-Jacobskerk
7. Rubenshaus
8. Diamantmuseum
9. Plantin en Moretusmuseum
10. Onze-Lieve-Vrouwekerk
11. Stadhuis
12. Museum Mayer van den Bergh
13. Koninklijk Museum voor Schone Kunsten
14. Museum voor Hedendagse Kunst

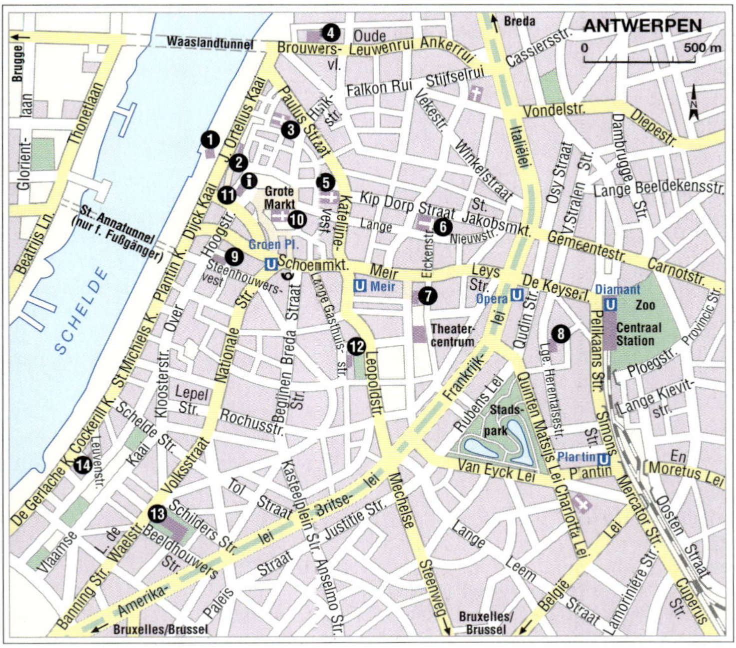

# Brügge

## Weltstadt des Mittelalters

Seite 37

**Ein Besuch in Brügge (fläm. *Brugge*, frz. *Bruges;* 117 000 Einw.), der Hauptstadt der Provinz Westflandern, ist die Krönung einer Belgienreise. Die von Grachten durchzogene Altstadt ist ein großartiges Beispiel spätmittelalterlichen Städtebaus.**

**Abseits der Hauptsehenswürdigkeiten, bei einem Spaziergang durch die stilleren Gassen, durch die Grünanlagen entlang der ehemaligen Stadtbefestigungen oder an den zahlreichen Kanälen spürt man noch immer den besonderen Charme der Stadt.**

## Geschichte

Im 9. Jh. legt Graf Balduin I. von Flandern an der Stelle, an der bereits die Wikinger einen *Bruggia,* einen Einschiffungsplatz besaßen, den Grundstein zu einer Burg. Er hätte keinen besseren Platz wählen können: Am Naturhafen des Zwirn liefen einst die Wege des von den deutschen Hansestädten kontrollierten Ostseehandels, des venezianischen Orienthandels und des lukrativen Wollhandels mit England zusammen. So avanciert Brügge im ausgehenden Mittelalter zum Welthandelszentrum und ist bald neben Venedig die prachtvollste und reichste Stadt der Welt. Handelshäuser aus ganz Europa haben hier ihre Niederlassungen, Künstler wie Jan van Eyck oder Hans Memling sind als Stadtmaler tätig, und die Herzöge von Burgund halten prunkvoll Hof. Erst die Versandung des Zwin sowie die spätere Förderung Antwerpens durch Kaiser Maximilian I. leiten den wirtschaftlichen Niedergang ein. Die Stadt fällt für fast 400 Jahre in die Bedeutungslosigkeit eines Marktortes zurück und erwacht erst Ende des 19. Jhs. aus ihrem Dornröschenschlaf. Trotz des neuen Hafens bei Zeebrügge findet der Anschluss an das Industriezeitalter nur zögernd statt. So bleibt Brügge weitgehend von den Bausünden der Neuzeit verschont und kann sein einzigartiges Stadtbild bewahren, das – dank des wachsenden Tourismus – zum wichtigsten Wirtschaftsfaktor geworden ist.

## Sehenswürdigkeiten

***Grote Markt.** Dieser Platz ist seit jeher der Brennpunkt der Stadtgeschichte. Hier steht der ***Belfried** als Symbol des Bürgerstolzes und der städtischen Unabhängigkeit. Der untere Teil des 83 m hohen Turms stammt aus dem 13. Jh., die achteckige Krone wurde erst 200 Jahre später aufgesetzt. Auf Höhe der obersten Besucherterrasse hängen die 50 Glocken des stündlich erklingenden Glockenspiels. Zur gleichen Zeit wie der Belfried entstand die gewaltige *Lakenhalle (Tuchhalle).*

Vom Markt führt die *Vlamingstraat* in das „Hanseatische Brügge". Das *Haus der Genuesen* (1399) erinnert an die internationalen Handelsbeziehungen Brügges.

Auch das stolze Haus der Kaufmannsfamilie *van der Beurse* aus dem 15. Jh. steht in der Vlamingstraat (Nr. 35). Der florierende Handel und die lukrativen Geldgeschäfte, die in und vor diesem Haus getätigt wurden, brachten es mit sich, dass sich die Bezeichnung Börse (niederländisch *beurs* = Geldbeutel) als Synonym für solche Geschäfte einbürgerte.

**Tipp** Elegante Kragen, Borten und Tischdecken, von Heimarbeiterinnen handgeklöppelt, waren jahrhundertelang ein Brügger Exportschlager. Inzwischen prägt Billigware aus dem fernen Osten den Markt, Originalstücke sind im Museum **Arentshuis** am Dijver 16 ausgestellt.

**Altes Zollhaus ❶.** In dem Bau aus dem Jahr 1477 wurde früher der Zoll auf die per Schiff ankommenden Güter erhoben. Die benachbarte **Poortersloge ❷**, heute Staatsarchiv, diente den „Poorters“, den reichen Grundherren und Kaufleuten, als Versammlungsort.

**Burg ❸**. Der Name des Platzes weist auf die zerstörte Burg des flandrischen Grafen Balduin hin. Rundherum gruppieren sich einige der bedeutendsten Gebäude Brügges: Das prachtvolle *Stadthuis*, zwischen 1376 und 1420 errichtet und Vorbild für eine Reihe weiterer repräsentativer Rathäuser im ganzen Land, birgt als Prunkstück den Ratssaal mit seinem hölzernen Deckengewölbe und Wandmalereien, die Motive aus der Brügger Stadtgeschichte darstellen.

*Onze-Lieve-Vrouwekerk*

Seite 37

Die *__Heiligbloedkapel__ wurde für die Heiligblutreliquie errichtet, die der flandrische Graf Dietrich von Elsass 1150 von einem Kreuzzug mitbrachte. Der untere, romanische Teil der Wallfahrtskirche stammt noch aus dieser Zeit, der obere veranschaulicht den Übergang von der Spätgotik zur Renaissance. Die prunkvolle Heiligblutprozession alljährlich am Himmelfahrtstag ist noch heute der bedeutendste Festtag im Kalender der Stadt.

Blickfang und Begrenzung des Platzes nach Osten hin bildet der sog. **Buitenpoortus,** das ehemalige Zollhaus, dessen Eingangsportal die Wappen der wohlhabenden Handelsherren zieren. Vom ursprünglich gotischen Bau blieb nur die Südfassade erhalten.

Der Tordurchgang in der ehemaligen *Stadtkanzlei*, im Stil der Frührenaissance erbaut und mit vergoldeten Säulen verziert, führt über die *Eselsbrücke (Blindenezelbrug)*, vorbei an den Hallen des Fischmarkts, zum **Huidenvettersplein ❹** im früheren Gerberviertel. Szenen aus dem Gerberhandwerk sind auf Reliefs an der Fassade des Zunfthauses dargestellt.

*Blick vom Turm des Belfrieds*

Entlang dem Rozenhoedkai gelangt man zum platzartig erweiterten Kanalufer, dem *Dijver,* unter dessen Bäumen an Sommerwochenenden der Flohmarkt stattfindet. Auf der anderen Straßenseite liegen einige der wichtigsten Museen der Stadt.

Seite 37

****Groeninge-Museum** *(Stedelijk Museum voor Schone Kunsten)* ❺. Dank seiner hochkarätigen Sammlung früher niederländischer Malerei – die die Exponate zur belgischen Moderne in den Schatten stellt – ist dieses Museum besonders hervorzuheben.

Hinter dem **Brangwyn-Museum** ❻, das unter anderem an den gleichnamigen englischen Künstler erinnert, steht in einem malerischen Innenhof mit efeuüberwachsenen Gebäuden und Türmen das ***Gruuthusepalais** ❼ aus dem 15. Jh. Es war im Mittelalter Domizil eines führenden Patriziergeschlechts der Stadt, dessen Reichtum auf dem Recht basierte, die Steuer auf Zutaten zum Bierbrauen, die sog. *Gruute,* zu erheben. Im Inneren des prächtigen Baus ist ein Museum für Teppiche, Spitzen, Münzen, Musikinstrumente und Waffen eingerichtet. Zu den architektonischen Besonderheiten zählt die Privatkapelle im ersten Stock, von der aus die Bewohner an der Messe im Chor der benachbarten Kirche teilnahmen.

**Tipp** Mit dem Kombiticket für 400 BEF (20 DM) vier bedeutende Museen besuchen.

***Onze-Lieve-Vrouwekerk** *(Liebfrauenkirche)* ❽. Die gotische Hallenkirche mit dem ungewöhnlich hohen Turm (122 m) bewahrt bedeutende Kunstschätze. Mit der ***Brügger Madonna* (1503) besitzt sie das einzige Werk Michelangelos, das zu dessen Lebzeiten über die Alpen gelangte. Im Chor der Kirche stehen die **Sarkophage* Marias von Burgund und ihres Vaters, Karls des Kühnen, Herzog von Burgund.

**Sint-Jans-Spital** ❾. Dieses wahrscheinlich älteste Krankenhaus Europas wurde bereits im 12. Jh. gegründet und war noch bis in die 60er-Jahre in Betrieb. Der große Krankensaal und die vollständig eingerichtete Apotheke aus dem 18. Jh. können zusammen mit dem in der Kapelle untergebrachten ***Memlingmuseum* besichtigt werden.

Hans Memling, ein Deutscher, kam etwa 1465 nach Brügge und war bis zu seinem Tod 1494 als Stadtmaler tätig. Wegen ihrer ausdrucksvollen und volksnahen Darstellungen erfreuten sich seine Arbeiten großer Beliebtheit und machten ihn zu einem der reichsten Bürger der Stadt. Sechs seiner Hauptwerke sind hier zu bewundern, darunter der **Ursulaschrein,* der auf Miniaturgemälden die Legende der Heiligen darstellt, und das Altarwerk **Die mystische Vermählung der hl. Katharina.*

***Begijnhof** ❿. Das Barocktor hinter der kleinen Brücke führt in den beschaulichen, mit Pappeln bestandenen Beginenhof. Ein kleines Museum gibt Einblick in den Alltag der Beginen. Vom alten *Schleusenhaus* am Südende des Wijngaardplaats aus wird noch heute der Wasserstand der Stadtkanäle reguliert.

***St.-Salvatorskathedraal** ⓫. Sie ist die älteste Pfarrkirche der Stadt. An den Schießscharten erkennt man, dass der im unteren Teil romanische Turm (12. Jh.) zur Verteidigung genutzt wurde. Hauptschiff und Chor sind unter dem Einfluss der frühen Gotik erbaut worden, der obere Teil des Turmes wurde erst im 19. Jh. fertig gestellt. Das Chorgestühl zeigt das Wappen der Ritter vom Goldenen Vlies, die hier 1478 ihre erste Sitzung abhielten.

**i** **Dienst voor Toerisme,** Burg 11, 8000 Brugge, ☎ 0 50/44 86 86, FAX 44 86 00.

Unbedingt zu empfehlen: eine Grachtenrundfahrt (Abfahrtsstellen im Zentrum; Dauer ca. 35 Minuten).

**De Orangerie,** Kartuizerinnenstraat 10, ☎ 34 16 49, FAX 33 30 16. Elegant; mitten im Zentrum. $$

**De Castillon,** Heilige-Geeststraat 1, ☎ 34 30 01, FAX 33 94 75. Ehrwürdiges Haus mit modernem Komfort. $$

**Egmond,** Minnewater 15, ☎ 34 14 45 FAX 34 29 40. Hübsch, in romantischer Umgebung. $

**De Karmeliet,** Langestraat 19, ☎ 33 70 70 oder 33 76 62. Das Beste, was Brügge zu bieten hat, französische Küche. $$$

**Prinsenhof,** Ontvangersstraat 9, ☎ 34 26 90. Im Herzen der Stadt, wunderschönes altes Herrenhaus. $$

**Begijnhof,** Wijngaardplein 16, ☎ 33 46 64. Pfannkuchenhaus am Wasser. $

**Café 't Brugs Beertje,** Kemelstraat 5. Rund 300 Biersorten und ein Wirt, Jan Debruyne, der als Experte für belgischen Gerstensaft im ganzen Land bekannt ist (🕓 tgl. außer Mi ab 16 Uhr).

*In klosterähnlicher Solidargemeinschaft lebten die Beginen*

Seite 37

1. Altes Zollhaus
2. Poortersloge
3. Burg
4. Huidenvettersplein
5. Groeninge-Museum
6. Brangwyn-Museum
7. Gruuthusepalais
8. Onze-Lieve-Vrouwekerk
9. Sint-Jans-Spital
10. Begijnhof
11. St.-Salvatorskathedraal

# Gent

Seite 41

## Die stolze Stadt an der Schelde

**Vielleicht nicht ganz so unberührt erhalten wie das mittelalterliche Brügge, dafür aber von nie erlahmender Geschäftigkeit, ist Gent (frz. *Gand;* 100 000 Einw.) eine bedeutende historische Kunst- und eine moderne Großstadt zugleich. Vor allem die Tuchherstellung hat hier seit dem Mittelalter Tradition. Doch Gent liegt auch inmitten des größten belgischen Obst- und Gemüseanbau- sowie Blumenzuchtgebiets und hat sich als wichtigster Umschlagplatz für diese Produkte einen Namen gemacht. Schließlich ist es am Zusammenfluss von Leie und Schelde auch die zweitgrößte Hafenstadt des Landes. So kann man hier im Großstadtrhythmus der Moderne noch immer den Pulsschlag der alten Kaufmannsstadt spüren, und ein Rundgang durch die prächtige Altstadt lässt nie vergessen, dass die Stadt heute ihre alte Rivalin Brügge längst überflügelt hat.**

## Geschichte

Um eine Burg zum Schutz gegen die Normannen sowie zwei Abteien herum entwickeln sich ab dem 9. Jh. die ersten Ansiedlungen, die innerhalb von 300 Jahren zu einer beachtlichen Stadt anwachsen. Hauptwirtschaftszweig sind die Leinenweberei und die Weiterverarbeitung englischer Wolle. Das ausgeprägte Selbstbewusstsein und der kämpferische Freiheitsdrang der Bürger bestimmen seit dem späten Mittelalter die oft blutige Geschichte der Stadt. 1448 erklären die Genter Philipp dem Guten von Burgund den Krieg, nachdem er die Steuern für Salz und Getreide erhöhte. 1539 lehnen sie sich gegen Kaiser Karl V. auf, als er die Privilegien der Stadt verletzte. Meistens ziehen die Genter allerdings als Verlierer vom Schlachtfeld und müssen ihren Stolz mit den in Friedenszeiten angehäuften Reichtümern bezahlen. Nach der Niederwerfung durch die Spanier (1584) scheint das Schicksal der Stadt besiegelt: Die meist protestantischen Kaufleute, Weber und andere Handwerker verlassen die Stadt, ein Schlag für das wirtschaftliche und geistige Leben, von dem sich Gent erst im 18. und 19. Jh. erholt, als die Baumwollindustrie und der damit wieder aufblühende Handel für neuen Wohlstand sorgen. Stolz und den vollen Einsatz für ihre Rechte scheinen die Genter bis zum heutigen Tag aufzubringen, gilt doch die Stadt als eine Hochburg der belgischen Arbeiterbewegung und Vorkämpferin flämischer Eigenständigkeit.

## Sehenswürdigkeiten

Die interessantesten Bauten Gents liegen im gut erhaltenen und überschaubaren historischen Stadtkern am rechten Ufer der Leie zwischen der Grafenburg und der Kathedrale.

***Sint-Baafskathedraal ❶**. Mit dem alles beherrschenden Bau der dreischiffigen Kathedrale wurde 1228 begonnen. Mitte des 14. Jhs. konnte der frühgotische Chor fertig gestellt werden; zwei Jahrhunderte später folgten der 80 m hohe Turm, Langhaus und Querschiff. Der mächtige Innenraum fasziniert durch seine großartige barocke Ausstattung: eine geschnitzte *Holzkanzel* (1745) von Delvaux und das Bild *Eintritt des hl. Bavo ins Kloster* von P. P. Rubens. Zu den Kunstwerken von Weltrang gehört der ****Genter Altar* (1420–1432) der Brüder Hubert und Jan van Eyck. Auf insgesamt 22 Tafeln des Flügelaltars ist die Heilsgeschichte vom Sündenfall bis zur Erlösung in beeindruckenden Szenen dargestellt. Der kostbare ****Kirchenschatz* wird in der vom Vorgängerbau der Kathedrale erhaltenen Krypta ausgestellt.

*****Belfried** ❷. Höher als der Turm der Kathedrale ist der Belfried gegenüber, das Machtsymbol des aufstrebenden Bürgertums im 14. Jh. Seine Spitze bildet eine Drachenfigur, die Unbeugsamkeit und Kampfeslust verkörpert. Das **Glockenspiel* stammt aus dem 17. Jh. Die dem Belfried angeschlossene *Tuchhalle (Lakenhalle)*, einst Verkaufs- und Lagerraum der weltweit bekannten flandrischen Tuche, entstand im 15. Jh.

Giebel des Rathauses

Seite 41

**St.-Niklaaskerk** ❸. Im 13. Jh. erbaut, ist die Nikolauskirche mit ihrem von vier Ecktürmen flankierten Vierungsturm ein typisches Beispiel für die Scheldegotik. An der *Kleinen Turkije*, so benannt nach dem Gildehaus der Gewürzhändler, die ihre Ware hauptsächlich aus der Türkei bezogen, stehen prächtige Bürgerhäuser. In kleinen, an die Kirchenmauer angebauten Läden (1624) werden vor allem Devotionalien angeboten. Der sich anschließende *Korenmarkt* wird von Straßencafés und Restaurants gesäumt.

Am Ufer der Leie

Zum Erkennungszeichen der **St.-Michielskerk** ❹ gehört der unvollendete Turm des 1440 begonnenen und erst nach über zweihundert Jahren (1648) im Stil der Brabanter Gotik fertig gestellten Sakralbaus. Das wuchtige Erscheinungsbild wird durch die Vielzahl der Chor- und Seitenkapellen verstärkt. Im Inneren ist das Gemälde *Kreuzigung Christi* (1630) von Anthonis van Dyck sehenswert.

Eine Treppe führt von Sint-Michielsbrug zur *Kornlei* hinunter, von wo aus man den schönsten Blick auf die gegenüberliegende Kaimauer der *Graslei*, des ältesten Hafens von Gent, hat.

Die Reihe prachtvoller **Giebelhäuser* der ehemaligen Zünfte gilt als stolzes Symbol für Macht und Unternehmungsgeist ihrer Erbauer. Links neben dem neugotischen Postgebäude (1903) steht das *Haus der freien Binnenschif-*

Gotische Sint-Baafskathedraal

*fer* im Stil der Brabanter Gotik (1531), daneben das spätbarocke *Haus der Getreidemesser* (1698). Der fast 800 Jahre alte romanische *Getreidespeicher* ist „aus der Flucht gebaut“, das heißt, die Fassade neigt sich pro Meter Höhe um einen Zentimeter aus dem Lot nach vorne. Damit wurde das Hochhieven der Säcke erleichtert.

Seite 41

Über die *Grasbrug* (Anlegestelle der Rundfahrtschiffe) gelangt man zum **Vleeshuis** *(Große Fleischhalle)* ❺ am Groentenmarkt. Das lang gestreckte Gebäude, zwischen 1406 und 1410 errichtet, diente einst als zentrale Verarbeitungs-, Lager- und Verkaufshalle der Metzgerzunft. Im sogenannten *Penshuizekens* (Kaldaunenhäuschen) nebenan konnten sich die Armen kostenlos mit den weniger begehrten Teilen der geschlachteten Tiere versorgen.

* **s'Gravensteen** ❻. Die mehrfach umgebaute und erweiterte Grafenburg aus dem 12. Jh. war im 13. und 14. Jh. Mittelpunkt blutiger Auseinandersetzungen zwischen den Bürgern der freien Stadt Gent und den dort residierenden Territorialherren. Später diente der „Steen“ als Kerker und Sitz unterschiedlichster Gerichte. Von den praktizierten Methoden der „Wahrheitsfindung“ geben die Exponate des *Foltermuseums* ein beredtes Zeugnis.

Linker Hand, d. h. westlich der *Kraanlei*, schließt sich das mittelalterliche Gassengewirr des ehemaligen Gerberviertels **Patershol** an. Mit Beginn der Industrialisierung entwickelte sich der Stadtteil zu einem Arbeiterviertel. Jetzt findet man hier Kunsthandwerker, Antiquitätenhändler und Boutiquen. Achtzehn flämische Häuschen, ein ehemaliges Kinderhospiz, beherbergen heute das **Museum voor Volkskunde** ❼ (🕓 tgl. außer Mo 9.30–17 Uhr).

Über die *Zuivelbrug* geht es zum **Grootkanonplein** ❽, der seinen Namen von der unübersehbaren *Dulle Griet*, einer 15 Tonnen schweren Kanone, bekommen hat. Sie ist Beutestück eines Feldzuges gegen die Burgunder.

Der benachbarte **Vrijdagsmarkt** ist seit dem 13. Jh. das politische Zentrum der Stadt. Die Nordwestseite des Platzes wird von der mächtigen Fassade des Jahrhundertwendebaus *Ons Huis*, des Sitzes der Sozialistischen Arbeitervereinigung, bestimmt.

Auf der gegenüberliegenden Seite des Platzes steht das *Toreken* (1460), das Zunfthaus der Gerber. Im Turm tagte die Abnahmekommission der Leinenweber. Stücke, die den Qualitätsansprüchen nicht entsprachen, wurden zur Schande des Handwerkers öffentlich zur Schau gestellt.

Das * **Stadhuis** *(Rathaus)* ❾ an der Westseite des **Botermarkts** wurde bereits in der Spätgotik (1482) begonnen, gilt aber, bedingt durch die lange Bauzeit, als eine architektonische Glanzleistung der Renaissance (🕓 Führungen Mo–Do nachmittags).

## Weitere Sehenswürdigkeiten

* **Museum voor Schone Kunsten** *(Museum der Schönen Künste)* ❿, Citadelpark. Werke von Rubens, van Dyck, Pourbus, Jordaens und Frans Hals (🕓 tgl. außer Mo 9.30–17 Uhr).

In dem **Museum van Hedendaagse Kunst,** Nicolaas De Liemaeckereplein, ☎ 2 21 17 03, pflegt Konservator Jan Hoet moderne Kunst von CoBrA bis zur Postmoderne.

**Beginenhöfe.** Neben dem ehemaligen Beginenhof (13. Jh.) an der St.-Elisabethkirche, der nach dem Bildersturm wieder aufgebaut wurde, verfügt Gent noch über zwei Beginenhöfe jüngeren Datums: die barocke Anlage (17.–18. Jh.) in der *Lange Violettstraat* und den Großen Beginenhof (1872) in **St.-Amandsberg** ⓫.

**Dienst voor Toerisme,** Predikherenlei 2, 9000 Gent, ☎ 09/2 25 36 41, Fax 2 25 62 88.

**Alfa Flanders,** Konig Albertlaan 121, ☏ 2 22 60 65, 📠 2 20 16 05. Ein komfortabel eingerichtetes Haus mit einem Restaurant. $$
**St. Jorishof,** Botermarkt 2, ☏ 2 24 24 24, 📠 2 24 26 40. Gebäude aus dem 13. Jh. im Zentrum. $$
**Flandria,** Barrestraat 3, ☏ 2 23 06 26, 📠 2 33 77 89. Einfach und preisgünstig. $

**Guido Meersschaut,** Kleine Vismarkt 3, ☏ 2 23 53 49. Fischspezialitäten. $$
**Graaf van Egmond,** St.-Michielsplein 21, ☏ 2 25 07 27. Historisches Lokal im Zentrum. $$
**'t Galgenhuisje,** Groentenmarkt. Genter Bierspezialitäten. $$

**Trödelmarkt** am St.-Jacobsplein (🕒 Fr, So 7–13, Sa 7–18);
**Vogelmarkt** am François Laurentplein (🕒 So 7–13).

*Die Festung s'Gravensteen*

Seite 41

1. St.-Baafskathedraal
2. Belfried
3. St.-Niklaaskerk
4. St.-Michielskerk
5. Vleeshuis
6. s'Gravensteen
7. Museum voor Volkskunde
8. Grootkanonplein
9. Stadhuis
10. Museum voor Schone Kunsten
11. St.-Amandsberg

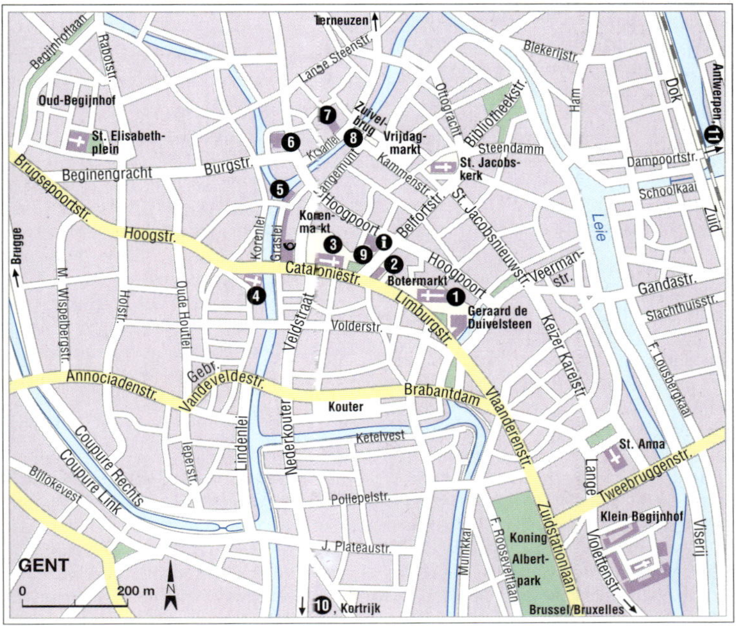

# Lüttich

Seite 43

## Herbe Schönheit

**Laut, rußig, düster – Lüttich (frz. *Liège*, fläm. *Luik;* 185 000 Einw.), die Industriestadt an der Maas, die „Stadt mit dem eisernen Himmel“, macht es dem Besucher nicht leicht, sie zu schätzen. Doch hat man einmal den Ring aus Stahlwerken und Industrievierteln mit trister Betonarchitektur überwunden und die Innenstadt erreicht, kann man sich auf einen angenehmen Tag freuen. Hier, an der Grenze zwischen romanischem und germanischem Sprachraum, wähnt man sich bereits in Frankreich – ein Blick auf die Speisekarten der zahlreichen Restaurants zeigt es deutlich. Doch vor allem ist Lüttich eine Kunststadt: Die zahlreichen Kirchen mit ihren Schätzen, die Museen und Bauwerke aus verschiedenen Epochen zeugen von klerikaler Macht, wirtschaftlichem Wohlstand und regem Kulturaustausch, der die Eigenart der französischsten Stadt Belgiens und ihrer Einwohner prägte.**

## Geschichte

Zu Beginn des 8. Jhs. als Pilgerstätte über dem Grab des hl. Lambert gegründet, wird Lüttich schon im Jahr 721 Bischofssitz. Eine erste Blütezeit erlebt die Stadt um die Jahrtausendwende. Damals lässt Fürstbischof *Notger* (gest. 1008), bekannt als Förderer von Kunst und Wissenschaft, als äußeres Zeichen eines sowohl weltlichen als auch kirchlichen Machtanspruchs die Kathedrale und einen Bischofspalast erbauen. Ständige Kämpfe zwischen aufstrebendem Bürgertum und herrschender Geistlichkeit begründen im 14./15. Jh. den Ruf Lüttichs als *Cité ardente*, als hitzige, feurige Stadt. Der völligen Zerstörung durch den Burgunderherzog Karl den Kühnen folgt im 16. Jh. unter Fürstbischof Erard de la Marck ein prachtvoller Wiederaufbau der Stadt im Stil der Renaissance. Kohlevorkommen und die in ganz Europa berühmten Waffenschmieden sorgen schon im 16. Jh. für wirtschaftlichen Aufschwung. Als Ausgangspunkt der industriellen Revolution auf dem Kontinent entwickelte sich Lüttich im 18. und 19. Jh. zum Kern eines bedeutenden Industriereviers und war aufgrund seiner Rüstungsbetriebe sowohl im Ersten als auch im Zweiten Weltkrieg hart umkämpft. Nach dem Niedergang der Eisen- und Stahlindustrie sieht Lüttich heute neuen wirtschaftlichen Chancen im Rahmen des EU-Binnenmarkts entgegen.

## Sehenswürdigkeiten

***Palais des Princes-Evêques ❶.** Der Fürstbischöfliche Palast (1526–1538 erbaut) ist der alles beherrschende Blickfang auf der Place St-Lambert. Hinter der neugotischen Fassade verbergen sich zwei mit Arkaden geschmückte *Innenhöfe* der Frührenaissance.

**Place du Marché ❷.** Die Nachbildung des mittelalterlichen Gerichtspfahls *(Le Perron)* auf dem 1697 von *Jean Delcour* geschaffenen Brunnen gilt als Symbol städtischer Freiheit und der eigenen Gerichtsbarkeit. Hier steht auch das barocke *Hôtel de Ville* (Rathaus) mit seinem wappengeschmückten Giebel (1714). Auf einer Bronzeplatte entdeckt man den Namen *Maigret*, einen in den 30er-Jahren mehr als stadtbekannten Polizisten, der als Hauptfigur der Kriminalromane des Lütticher Autors Georges Simenon (1903–1989) Unsterblichkeit erlangte.

**Musée d'Ansembourg ❸.** Das prachtvolle Interieur mit seinen kostbaren Teppichen und Möbeln in den mit Delfter Kacheln und Stuckdecken dekorierten Räumen vermittelt einen Eindruck großbürgerlicher Wohnkultur des 18. Jhs.

**Tipp** Lebendig wird es hier am Sonntagvormittag, wenn am Kaiabschnitt *La Batte* der größte *Flohmarkt* Belgiens stattfindet. Die Art und Weise, wie die Waren – neben allerlei Nippes und Tand auch Gemüse, Fisch und Geflügel – verkauft werden, lässt ein Stück Lütticher Lebensart spürbar werden.

* **Musée d'Armes** ❹. Zwei mächtige Kanonen markieren den Eingang zum Waffenmuseum. Über 12 500 Exponate – zumeist Handfeuerwaffen – bieten kunsthandwerklich oder technisch interessierten Besuchern einen umfas-

❶ Palais des Princes-Evêques
❷ Place du Marché
❸ Musée d'Ansembourg
❹ Musée d'Armes
❺ Maison Curtius
❻ St-Barthélémy
❼ Zitadelle
❽ Minoritenkloster
❾ St-Jean
❿ Cathédrale St-Paul
⓫ St-Jacques.

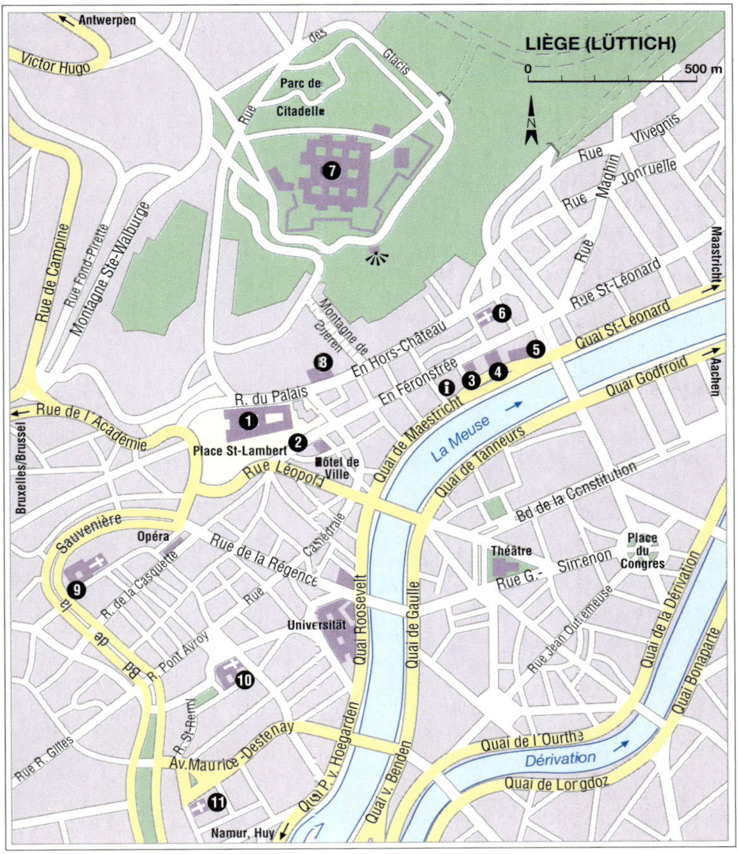

senden Einblick in die Waffenkunde und dokumentieren die Geschichte des traditionsreichsten Gewerbes Lüttichs, das bis heute Bestand hat.

*** Maison Curtius** ❺. Das im maasländischen Renaissancestil erbaute Patrizierhaus stammt aus dem 17. Jh. und gehörte dem Waffenhändler Curtius. Hervorragendstes Schaustück des hier untergebrachten *Museums für Archäologie und maasländische Kunst* ist der in Elfenbein gearbeitete und später mit Email und Edelsteinen verzierte Buchdeckel des ***Notger-Evangeliars* (um 1000).

Seite 43

**St-Barthélémy** ❻. Das massive Westwerk dieses romanischen Baus mit den beiden Türmen ist charakteristisch für den gesamten Raum zwischen Rhein und Maas. Das berühmteste Kunstwerk Lüttichs, ein romanisches ***Taufbekken* (1107–1110), hat hier seinen Platz gefunden. Dem Goldschmied *Renier de Huy* gelang es, mit dieser Messinggussarbeit an eine im Mittelalter vergessen geglaubte Kunstform der Antike anzuknüpfen und gleichzeitig der Renaissance vorzugreifen.

An der *Rue des Brasseurs* überrascht ein postmodern gestalteter *Innenhof* des bekannten Lütticher Architekten Charles Vandenhove. Von der Straße *En Hors Château* verlaufen mehrere schmale Sackgassen wie die *Impasse de la Couronne* in die ältesten Wohnquartiere der Stadt.

Durch Privatinitiative konnten die baufälligen Fachwerkhäuser des früheren Rotlichtviertels zum Teil liebevoll restauriert werden und schaffen so eine innerstädtische Hinterhofidylle.

**Zitadelle** ❼. Hier endet die Treppenstraße *Montaque de Bueren* vor dem Park, der die Festung umgibt. Die im Jahr 1891 fertig gestellte und in beiden Weltkriegen stark beschädigte Anlage bietet die beste Aussicht auf Lüttich und das Maastal.

**Minoritenkloster** ❽. Die noch bestehenden Gebäudeteile der vorbildlich restaurierten Anlage mit dem durch Arkaden vom Innenhof getrennten Kreuzgang wurden im 17. Jh. im maasländischen Renaissancestil errichtet. Hier ist die Sammlung des *Musée de la Vie Wallonne*, des Wallonischen Heimatmuseums, untergebracht.

**St-Jean** ❾. Die unter Bischof Notger nach dem Vorbild der Aachener Pfalzkapelle erbaute Kirche wurde im 18. Jh. unter Beibehaltung des achteckigen Grundrisses erneuert. Ein *Madonnenbild* und eine *Kreuzigungsgruppe* (13. Jh.) sind die kostbarsten Kunstwerke.

**Cathédrale St-Paul** ❿. Nach dem Abriss der alten Bischofskirche Lüttichs wurde die im 14./15. Jh. gotisch umgebaute Stiftskirche aus dem 10. Jh. Kathedrale. Zu ihrem reichen ***Kirchenschatz* gehört eine vergoldete Reliquienbüste des hl. Lambert – ein Sühnegeschenk Karls des Kühnen an jene Stadt, die er zuvor zerstören ließ.

*** St-Jacques** ⓫. Eine romanische Vorhalle führt in den weiten, von einem filigranen Netzrippengewölbe überspannten gotischen Innenraum.

**Office de Tourisme**, 92, En Féronstrée, 4000 Liège, ☎ 0 41/22 92 21, FAX 22 92 22.

**Ramada**, 100, bd. Sauvenière, ☎ 21 77 11, FAX 21 77 01. $$

**Ibis**, 41, pl. de la République Française, ☎ 23 60 85, FAX 23 04 81. Das durchaus solide Hotel liegt verkehrkünstig in der Altstadt. $

**Campanile**, rue Jules de Laminne, ☎ 24 02 72, FAX 24 03 80. Empfehlenswertes Restaurant; etwas außerhalb. Geboten wird gutbürgerliche Küche. $

**Chez Max**, 12, pl. de la République Française, ☎ 22 90 02. Fischspezialitäten. $

**Le Duc D'Anjou**, 127, rue Guillemins, ☎ 52 28 58. Gute Küche. $

*Die barocke Kirche St-Nicolas in Eupen*

# Route 1

Seite 53

## Natur am laufenden Band

**Eupen – Malmédy – *Namur – Hasselt – *Tongeren – Visé – Eupen (405 km)**

**Die Rundfahrt durch den Ostteil Belgiens macht mit einigen markanten Landschaftsformen bekannt: In den deutschsprachigen Ostkantonen liegt die fremdartig anmutende Hochmoorlandschaft des Hohen Venn, im malerischen Tal der Maas kommt man in kleine, bedeutende Kunststädte, die einen Besuch lohnen. Im blühenden Limburg reihen sich verträumte Städtchen aneinander, die einen eigenen, noch weitgehend unentdeckten Charme besitzen. Drei Tage sind nicht zu viel für die Tour, die mit Wanderungen und Höhlenbesichtigungen ein reichhaltiges Programm bietet.**

### Eupen

Die Kreis- und Industriestadt (17 000 Einw.) ca. 18 km südlich von Aachen gehört wie Malmédy zum deutschsprachigen Teil Belgiens und ist Sitz der Verwaltung dieser Bevölkerungsgruppe. Im 17./18.Jh. entwickelte sich eine rührige Tuchmanufaktur. Sie brachte der Stadt Wohlstand, der sich noch an den Patrizierhäusern ablesen lässt. Davon abgesehen hat fast nur die Kirche St.-Nicolas mit ihren schönen Barockaltären beide Weltkriege überstanden.

i Marktplatz 7, B-4700 Eupen, ☎ 0 87/55 34 50, Fax 55 66 39.

Eupen und Malmédy liegen am Rande des **Naturparks Hohes Venn** *(Hautes Fagnes)*, einem Teil des Deutsch-Belgischen Naturparks (Gesamtfläche 2 400 km², davon 700 km² in Belgien). Die seltene Flora und Fauna muss streng geschützt werden, daher sind nicht immer alle Teile des Naturparks zugänglich. Die eigenartige Stimmung dieser Landschaft erinnert streckenweise an das Dartmoor in England.

In Richtung Malmédy erreicht man 14 km hinter Eupen die **Baraque Michel** (675 m), eine geodätische Station mit Restaurant, Ausgangsort eines Naturlehrpfades durch ein ehemaliges Torfstichgebiet. Wenig weiter liegt der höchste Punkt Belgiens, der **Signal de Botrange** (694 m).

### Malmédy

Inmitten der Hügellandschaft der Ardennen liegt am Ufer der Warche der malerische Ferienort Malmédy (10 000 Einw.). Die vielen Kriege im Grenzgebiet zogen die Stadt jedes Mal in Mitleidenschaft, zuletzt wurde sie während der Ardennenoffensive 1944 schwer beschädigt. Dennoch lohnt der Besuch der barocken **Kathedrale** (18. Jh.) mit ihrer interessanten Ausstattung.

i 10, pl. du Châtelet, 4960 Malmédy, ☎ 0 80/33 02 50.

**Trôs Marets,** 2, Route de Trôs Marets, ☎ 33 79 17, Fax 33 70 10. Schönes Hotel mit allen Annehmlichkeiten. $))

**Camarine,** 47, rue La Vaulx, ☎ 33 06 10, Fax 57 00 70. Zentral, günstig. $)

**Ferme Libert** in Bévercé-Village Nr. 26 (3 km), ☎ 33 02 47. Schönes Landgasthaus mit guter Küche (Wild) und schöner Aussicht. $))

**Tipp** Die besten Fritten isst man in Malmédy, in der Imbissstube **l'Ange Gourmand** mit einem Dutzend Soßen. Übrigens erfanden hungrige Maasfischer eher zufällig das belgische Nationalgericht, als sie mangels kleiner Fische in Fischform geschnitzte Kartoffeln ins heiße Fett legten …

1
Seite 53

## Nach Sougné-Remouchamps

Zwei Wege führen von Malmédy nach **Sougné-Remouchamps:** Die nördliche Tour verläuft über *Francorchamps* entlang der berühmten 7 km langen Rennstrecke inmitten einer außergewöhnlich reizvollen Landschaft nach *Spa*. Die südliche Strecke führt über * *Stavelot* (s. S. 48).

### Spa

Bis heute lebt das seit dem 16. Jh. bekannte Thermalbad Spa (9 700 Einw.) von dem guten Ruf seiner gesundheitsfördernden Mineralquellen.

Von vergangener Pracht und königlichen Kurgästen – Zar Peter der Große und Kaiser Wilhelm II. weilten hier – zeugen noch die Bauten aus dem 19. Jh. (u. a. *Kursaal* und *Kasino*).

Spa ist ein optimaler Ausgangspunkt für Wanderungen in den Ardennen. Der gepflegte Kurort verfügt über ein reichhaltiges Sportangebot.

## Wo die Belgier Deutsch sprechen

*Eupen* und *Malmédy*, diese Namen rufen Erinnerungen an den Ersten und Zweiten Weltkrieg wach. Die beiden Städte im deutsch-belgischen Grenzgebiet hatten bis zum Wiener Kongress 1815 das Schicksal des übrigen Landes geteilt, doch nun wurden sie zum Zankapfel der europäischen Großmächte. Im Zuge der großräumigen Neuordnung Europas nach den Napoleonischen Kriegen waren die Kreise Eupen, Malmédy und St. Vith an Preußen gefallen. Glücklich waren die traditionell katholischen Bewohner mit dem explizit protestantischen neuen Regime nicht, doch sie nahmen es klaglos hin. Gut hundert Jahre später sprach der Versailler Vertrag das Gebiet dem inzwischen bestehenden belgischen Staat zu. Dennoch wurde es von nationalistischen Kreisen in Deutschland als „urdeutsche" Gegend betrachtet, die es zurückzuerobern galt.

Nach dem Einmarsch der deutschen Wehrmacht in das neutrale Belgien 1940 wurde es denn auch sofort dem „Großdeutschen Reich" einverleibt.

Heute ist die Zugehörigkeit der Ostkantone zu Belgien kein Diskussionsstoff mehr. Ohne großes Aufsehen haben sich die deutschsprachigen Belgier weitgehende Autonomie in Fragen der Kultur-, Schul- und Gesundheitspolitik gesichert. Eine deutsche Zeitung und ein Rundfunksender helfen mit, die Sprache mit ihrem typischen Singsang zu pflegen, und selbst der König hält traditionell einen Teil seiner Neujahrsansprache auf Deutsch.

1

Seite 53

i 41, pl. Royale, 4900 Spa, ☎ 0 87/77 20 52, Fax 77 02 06.

**La Heid des Pairs,** 143, av. Prof.-Henri-Jean, ☎ 77 43 46, Fax 77 06 44. Luxuriöses Haus in ruhigem Park. $$

**Le Relais,** 3, pl. du Monument, ☎ 77 11 08, Fax 77 25 93. Zentral gelegen, mit gutem Restaurant. $

**L'Auberge et sa Résidence,** 3–4, pl. du Monument, ☎ 77 44 10. Französische Küche und Fischspezialitäten. $$

### * Stavelot

Das Städtchen (6 000 Einw.) an der Alternativstrecke, mit alten Holz- und Fachwerkhäusern *(Rue Neuve),* hat glücklicherweise den Zweiten Weltkrieg überstanden. Die Räume der früheren Abtei (16./17. Jh.), einst Zentrum klösterlicher Kultur, werden heute vom Rathaus sowie zwei Museen genutzt: Der Kirchenschatz von **St-Sébastian** (18. Jh.) birgt den Reliquienschrein des hl. Remaclus (13. Jh.) aus vergoldetem Metall mit Filigran- und Emailverzierungen sowie 16 aus Silber getriebenen Heiligenfiguren.

Im **Musée Spa-Francorchamps** ist die Entwicklungsgeschichte der Rennstrecke ab 1907 dokumentiert. Gezeigt werden Rennwagen und Motorräder.

Berühmt ist der Karnevalszug von Stavelot, an dem rund 1500 Personen mitwirken. Die Hauptrolle spielen die *Blancs Moussis*, skurrile Gestalten mit langen, knallroten Nasen, die durch die Straßen tanzen.

### Sougné-Remouchamps

Sougné-Remouchamps (8 500 Einw.) im Tal der *Amblève* ist ein Ferienort mit einer spektakulären * **Tropfsteinhöhle.** In ihrem Eingang suchten die Menschen in vorgeschichtlicher Zeit Unterschlupf. Der Abstieg zum **Rubicon,** – einem unterirdischen Nebenfluss der Amblève, führt unter theatralisch angestrahlten Stalaktiten hindurch. Ein Boot bringt die Besucher über den Fluss (1 km) zurück zum Höhlenausgang.

## Das Tal der Maas

Über *Esneux* im Tal der Ourthe erreicht man schließlich das Tal der Maas (Meuse). Dieser große europäische Fluss, der in Ostfrankreich entspringt und fast 1 000 km später in den Niederlanden zusammen mit dem Rhein eine gewaltige Deltamündung bildet, spielte in allen Epochen für den Verkehr und damit auch für den Handel eine wichtige Rolle. An seinen Ufern fanden sich Spuren frühester Besiedlung.

### Amay

Amay (13 000 Einw.), 146 km. Bei Umbauten der romanischen Pfarrkirche **St-Georges** wurden erstaunliche Funde aus merowingischer Zeit gemacht: Der Sarkophag (unter dem Chor) der hl. Chrodoara gilt als Prachtbeispiel dieser Epoche. Im linken Querschiff steht ein wundervoller Reliquienschrein (13. Jh.). Hinter der Kirche führt eine Nebenstraße aus dem Industriegebiet parallel zur Meuse hinaus zum verträumten Wasserschloss **Jehay** (16. Jh.; Besichtigung möglich). Die abwechselnd verwendeten braunen und weißen Steine der Fassade unterstreichen den nostalgischen Charme. In den gotischen Kellerräumen werden Glasfunde aus merowingischer Zeit gezeigt.

### * Huy

Seit dem 7. Jh. pflegt die Stadt Huy (fläm. *Hoei;* 18 000 Einw.) die Tradition

### Großes Feuer

Grand Feux – oder Burgbrennen heißt in der Walonie und den Ostkantonen der Brauch, am Ende der Fastnacht den Winter zu vertreiben. Symbolfiguren werden verbrannt – und danach der Frühling mit einem großen Feuer begrüßt.

1

Seite 53

der Zinngießerei. Peter der Einsiedler rief hier 1095 zum Ersten Kreuzzug auf, später wurde er im Kloster Neufmoustier – von dem nur noch eine Ruine steht – begraben. Huy rühmt sich zudem, dank einer Urkunde von 1066, der ältesten freiheitlichen Verfassung Europas.

Die Stiftskirche **Notre-Dame** (14./15. Jh.; romanische Krypta) gilt als wichtigster hochgotischer Bau Belgiens. Berühmt sind die Fensterrosette, im einheimischen Dialekt „Li Rondia“ genannt, mit 9 m Durchmesser, das Bethlehem-Portal (14. Jh.) und der kostbare Kirchenschatz mit vier einzigartigen Reliquienschreinen (12./13. Jh.). Die originalen Fenster der Kirche wurden 1944 leider zerstört.

Auf der **Grand Place** steht vor dem Rathaus der Brunnen *Li Bassinia* (18. Jh.), bei dessen Errichtung man ältere Bronzefiguren wieder verwendete. Im **Gemeindemuseum** (früher Franziskanerkloster, 17. Jh.) werden Sammlungen zur Lokalgeschichte gezeigt, wie der gotische *Beau Dieu de Huy*.

In der **Zitadelle** (19. Jh.), dem ehemaligen Staatsgefängnis, das man auch mit einer Seilbahn erreichen kann, wurden im Ersten Weltkrieg deutsche Soldaten ausgebildet; im Zweiten Weltkrieg war es Durchgangslager für Menschen, die das nationalsozialistische Regime als „unwertes Leben“ einstufte und zur Ermordung in die Gaskammern schickte (kleines Résistance-Museum).

i 1, quai de Namur, 4500 Huy, ☏ 085/21 29 15, FAX 23 29 44.

**Du Fort,** 6, Chaussée Napoléon, ☏ 21 24 03, FAX 23 18 42. Unterhalb der Festung, günstig. $

**La fleur des Iles,** rue Griage, ☏ 23 65 41. Afrokaribische Küche. $

Die barocke Kathedrale in Malmédy

Madonna im Tympanon der Kirche von Tienen

Das Kasino im Thermalbad Spa

Seite 53

Ein Abstecher (13 km südl.) führt in die liebliche Landschaft des Condroz zum Barockschloss **Modave** mit üppiger Ausstattung (Besichtigung möglich).

Auf dem Weg nach Namur kommt man an bizarren Felsformationen vorbei.

9 km hinter *Andenne* empfiehlt sich ein Abstecher nach **Marche-les-Dames,** einer Zisterzienserinnenabtei aus dem 12. Jh. mit beeindruckenden Gebäuden (13./18. Jh.). Eine Gedenktafel am Felsen von Marche-les-Dames erinnert an den Tod König Alberts I. im Jahr 1934, der hier bei einer Klettertour abstürzte.

### * Namur

Die Hauptstadt (103 000 Einw.) der gleichnamigen Provinz wurde während der Römerzeit am strategisch wichtigen Zusammenfluss von *Sambre* und *Meuse* (Maas) gegründet und war häufig Schauplatz von Kriegen.

Heute ist nur die hoch über der Stadt gelegene **Zitadelle** Relikt der einstigen militärischen Bedeutung. Von oben bietet sich ein umfassender Blick. Sehenswert sind außerdem die klassizistische Kathedrale **St-Aubain** und die Barockkirche **St-Loup,** die früher zu einem Jesuitenkolleg gehörte.

Das **Diözesanmuseum** *(Musée Diocésain et Trésor)* neben der Kathedrale lohnt wegen seiner hervorragenden Kunstschätze (11.–13. Jh.) und seiner Sammlung seltener Gläser einen Besuch. Ein weiterer musealer Höhepunkt ist die Besichtigung des **Institut des Sœurs de Notre-Dame** (17, rue Julie-Billiart) mit herrlichen Goldschmiede- und Nielloarbeiten von Hugo d'Oignies (13. Jh.). In der ehemaligen Fleischhalle aus dem 16. Jh. ist das **Musée Archéologique** mit einer Sammlung merowingischer Kleinkunst und diversen archäologischen Funden untergebracht.

**Office de Tourisme,** Square de l'Europe Unie, 5000 Namur, ☎ 0 81/24 64 49, FAX 24 64 49.

**Château de Namur,** 1, av. Ermitage, ☎ 74 26 30, FAX 74 23 92. Auf der Zitadelle, angehende Hotelfachleute lernen hier ihr Handwerk perfekt. $$

**New Hotel de Lives,** 1178, Chaussée de Liège, ☎ 58 05 13. Familiär geführtes ehemaliges Herrenhaus. $

**La Bergerie,** 5101 Lives-sur-Meuse, 100, rue Mosanville, ☎ 58 06 13. Köstlich speisen in romantischem Park; Lammspezialitäten. $$

**La Petite Fugue,** 5, pl. Chanoine-Descamps, ☎ 23 13 20. Sehr gute Küche zu annehmbaren Preisen. $

## Durch flaches Land nach Tongeren

Die Rundfahrt verlässt nun die hügelige Landschaft Ostbelgiens, wendet sich nach Norden und führt durch flaches Land mit stimmungsvollen Städtchen, deren Charme noch unentdeckt ist.

### Tienen

Das hübsche Städtchen Tienen (frz. *Tirlemont;* 32 000 Einw.) im fruchtbaren Haspengau ist bekannt als Zentrum der Zuckerindustrie. Direkt am Grote Markt liegt die **Onze-Lieve-Vrouw-ten-Poelkerk,** ein Bau im Stil der Brabanter Gotik, der bis auf den Chor, das Querschiff und den eleganten Turm nie vollendet wurde. Das großartige Portal von Jean d'Orsay (1360) wirkt wie ein später hinzugefügter Fremdkörper. Die Madonnenfigur, die früher die Mitte des Tympanons einnahm, befindet sich jetzt über dem Hauptaltar. Das städtische **Museum** im ehemaligen Gefängnis (16. Jh.) zeigt Keramik- und Goldschmiedearbeiten.

Am **Wolmarkt** verdienen die Renaissancehäuser (Nr. 19 und Nr. 21) Beachtung. In der **St.-Germanuskerk** nahe dem Veemarkt mit ihrem mächtigen Turm im Renaissancestil werden Glockenspielkonzerte veranstaltet (Juli/Aug. Mi vormittags).

1

Seite 53

## Zoutleeuw

Einen Besuch dieses verträumten Städtchens (frz. *Léau;* 8 000 Einw.) darf man nicht versäumen. Schmuckstück des Ortes ist die *St.-Leonardskerk* (13.–16. Jh.), die einzige Kirche Belgiens, die von den Bilderstürmern und der Französischen Revolution verschont blieb. Interessantester Teil der Innenausstattung ist das 18 m hohe Tabernakel aus der Renaissance (🕓 nur nachmittags bis 17 Uhr; Mo geschl.)

Glockenspiel im Belfried von Sint-Truiden

## Sint-Truiden

Allwöchentlich (Do 6–9 Uhr) lockt die Kleinstadt Sint-Truiden (frz. *Saint-Trond;* 36 500 Einw.) die Landwirte der Umgebung zum Viehmarkt an. Mittelpunkt ist der **Grote Markt** mit seinen hübschen Giebelhäusern. Die Stadtsilhouette wird von drei Türmen geprägt: dem romanischen Glockenturm der ehemals mächtigen Benediktinerabtei *Sint-Truiden,* dem gotischen Turm der **Liebfrauenkirche** und dem **Belfried** (17. Jh.; Glockenspiel). Nur noch die Ausmaße der Sakralbauten dieser Stadt lassen heute Rückschlüsse auf die einstige Bedeutung der Abtei für das wirtschaftliche und kulturelle Leben in diesem Gebiet zu.

Etwa 15 Gehminuten vom Zentrum entfernt liegt im Stadtteil *Schurhoven* der **Beginenhof** *(Begijnhof),* in den sich früher adlige fromme Damen für einen Lebensabend in klosterähnlicher Einkehr einkauften. Die Kirche (13. bis 15. Jh.) entpuppt sich als Schatzkästchen sakraler Kunst (Museum) mit bemerkenswerten, teilweise sogar befremdlichen gotischen Wandmalereien (13.–17. Jh.). Sehenswert ist die astronomische Uhr (1942) im Nebengebäude.

**i** Stadhuis, Grote Markt 68, 3800 Sint-Truiden, ☎ 0 11/68 62 55, Fax 69 11 78.

Turm der Onze-Lieve-Vrouwebasiliek in Tongeren

1

Seite 53

## Hasselt

Hasselt (65 000 Einw.) ist die Provinzhauptstadt Limburgs. Am *Grote Markt* stehen noch einige Fachwerkhäuser aus dem 16. Jh. und ganz in der Nähe die gotische **St.-Quentinkerk** mit ihrem gedrungenen Turm (13. Jh.) sowie die **Onze-Lieve-Vrouwekerk** (18. Jh.) mit bedeutenden Marmorskulpturen (Hauptaltar von Jean Delcour, 17./18. Jh.) und der Madonnenfigur im Chor, die alle sieben Jahre (wieder 2003) bei einer großen Prozession im August durch die Stadt getragen wird.

### Schnaps interaktiv

Im **Nationalen Genevermuseum** von Hasselt (Witte Nonnenstraat 19, ☎ 0 11/24 11 44) lässt sich die Geschichte des hochprozentigen Kornbranntweins mit Wacholderaroma mit allen Sinnen erleben.

Etwas nördlich von Hasselt lockt das *Freilichtmuseum* der **Domäne Bokrijk** mit rekonstruierten Dörfern, Weilern, Einzelgehöften sowie Mühlen, Werkstätten, Ställen und Scheunen; mit kleinem Tierpark (◷ ganzjährig).

**Alden Biesen,** der ehemalige Sitz der Deutschordens, liegt wunderschön zwischen den Niederlanden und dem Rhein-Maas-Gebiet. Der aufwendig restaurierte Gebäudekomplex lässt auf eindrucksvolle Weise die herausragende Bedeutung des Ordens ahnen.

## * Tongeren

Neben Tournai ist Tongeren (frz. *Tongres;* 30 000 Einw.) im Haspengau die älteste Stadt Belgiens. Vor der **Onze-Lieve-Vrouwebasiliek** protzt auf dem *Grote Markt* ein Denkmal des Ambiorix. Dargestellt wird ein kraftstrotzender Eburonenführer, wie er sich den Legionären Cäsars 54 v. Chr. entgegenstellte. Die gotische Basilika dahinter befindet sich an der Stelle eines frühen Marienheiligtums (4. Jh.); ihr Fassadenturm blieb unvollendet (Glockenspiel). Im Innenraum der Basilika gibt es herrliche „Dinanderien" (s. S. 60; Osterleuchter und Adlerpult, 14. Jh.), einen Antwerpener Schnitzaltar (16. Jh.) und die farbig gefasste Holzstatue „Unserer Lieben Frau von Tongeren" (16. Jh.). Aufmerksamkeit verlangt der streng stilisierte, monumentale Christus am Kreuz mit resigniert-leidendem Gesicht.

Der *Kirchenschatz* besteht aus einer der wertvollsten mittelalterlichen Sammlungen sakraler Kunst des Landes. Prunkstücke sind Elfenbeinarbeiten, merowingischer Schmuck, kunstvoll gearbeitete Reliquiare und Kultgeräte aus der Zeit ab dem 6. Jh. Besonders auffällig ist ein großer Christuskopf (11. Jh.) mit befremdlichem, fast verächtlichem Gesichtsausdruck. An die Basilika schließt sich der romanische Kreuzgang an.

Gegenüber der Basilika befindet sich in einem modernen Bau das **Gallo-römische Museum**. Es präsentiert die 2000-jährige Stadtgeschichte anhand von Tausenden archäologischer Fundstücke in moderner, unterhaltsamer Form mit dem Anspruch, nicht das Ausstellungsstück, sondern den Besucher in den Mittelpunkt der Erkundung zu stellen (◷ Sa, So 10–18 Uhr, Mo 12-17 Uhr, Di–Fr 9-17 Uhr). Etwas außerhalb, beim Bilzensteenweg, kann man noch Reste der römischen Stadtmauern sehen. Der **Begijnhof** wurde im 13. Jh. gegründet. Zentrum der Anlage ist die gotische *Begijnkerk*.

i Stadthuisplein 9, 3700 Tongeren, ☎ 0 12/39 02 55, Fax 39 11 43.

Rund 60 Trödel- und Antikmärkte finden jede Woche statt: Brüssel (tgl., Place du Jeu de Balle), Lüttich/La Batte, Tongeren (So.), Temploux (Ende Aug.), Ciney (drei Termine pro Jahr). Eine Liste aller Flohmarkttermine gibt es beim Belgischen Verkehrsamt unter ☎ 02 11/86 48 40.

1

Seite 53

**Biessenhuys,** Hasseltsestraat 23. Edles Gartenrestaurant in altem Bürgerhaus. Ⓢ

## Visé

Der Ort (fläm. *Wézet;* 17 000 Einw.) am Ufer der Maas nahe der niederländischen Grenze wurde 1914 von deutschen Truppen geplündert und in Brand gesteckt. Heute ist Visé ein beliebter Ferienort (Wassersport). Eine kunsthistorische Rarität ist der älteste in der Maasregion erhaltene Reliquienschrein (12. Jh.), eine Goldschmiedearbeit, die Reliquien des hl. Hadelinus birgt. Manche Szenen auf dem Giebel und den Stirnseiten des hausähnlichen Schreins stammen von einem älteren Reliquiar (1046) und wurden hier eingearbeitet. Der wunderschöne Schrein wurde in der romanischen Abtei Celles (s. S. 58) bei Dinant geschaffen. – Bis zum Ausgangspunkt *Eupen* sind es noch 35 km.

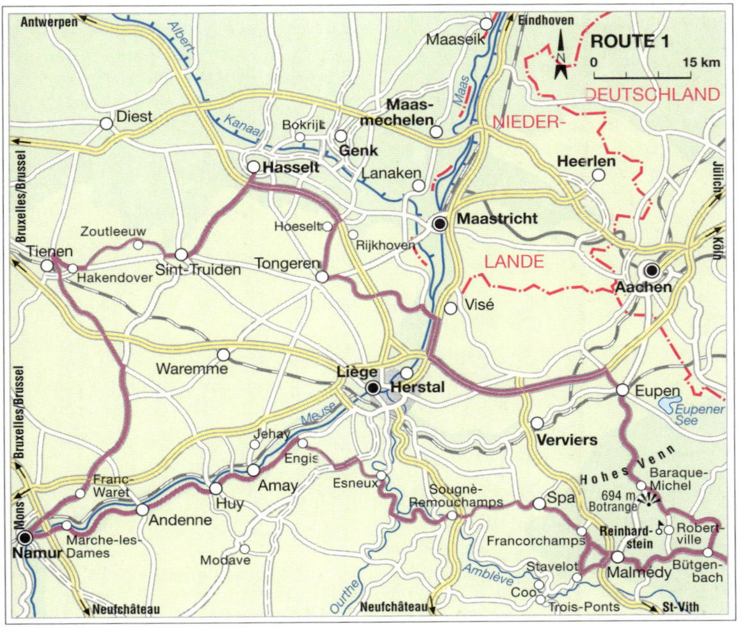

# Route 2



Seite 59

## Wege zu versteckten Schätzen

**Rundfahrt durch die Ardennen (405 km)**

**Die **Ardennen* sind ein flachwelliges Hochland, dessen Wildreichtum schon die Römer zu schätzen wussten. Auch wenn nur mittlere Höhen von 200 bis 500 Metern gemessen werden, bieten sie sich als ideales Wandergebiet an. Den Städten in den tief eingeschnittenen Flusstälern mit ihren typischen Steinhäusern sieht man es kaum an, dass sie nach dem Zweiten Weltkrieg fast alle wieder aufgebaut werden mussten. Heute nehmen sie Besucher freundlich auf: Wandern, Rad fahren, baden, Kajak fahren – die Ardennen sind ein idealer Ort für einen Familienurlaub oder für ein verlängertes Wochenende.**

**Die große Zahl an Kunstschätzen ermöglicht – wie bei diesem Routenvorschlag – die Zusammenstellung einer abwechslungsreichen Rundfahrt, für die man in Anbetracht der vielen versteckten Schätze unterwegs drei bis vier Tage einplanen sollte.**

## Von Spontin nach Arlon – durch das Tal der Ourthe

Vom Ausgangspunkt **Namur* (s. S. 50) fährt man die ersten 22 km auf der Autobahn A 4 in Richtung *Arlon*.

### Spontin

Der Ort im Flusstal des Bocq ist für seine Mineralquellen und seine **Burg** bekannt. Die mittelalterliche „Bilderbuch-Festung“ (12.–19. Jh.) liegt tief im Tal, inmitten des aufgestauten Flüsschens. Diese älteste bis heute ganzjährig bewohnte Burg Belgiens gilt als Paradebeispiel frühester Festungsarchitektur, an der die verschiedenen baulichen Veränderungen von der Gotik bis hin zur Renaissance nachvollziehbar sind. Teile der Burg können im Rahmen einer Führung besichtigt werden, bei der auch die wertvollen Kunst-, Porzellan- und Fayencensammlungen zu sehen sind.

### ** Durbuy

Der malerische Ort (8200 Einw.) an der Ourthe ist römischen Ursprungs und erfreut seine vielen Besucher während des Sommers mit farbenprächtigen Blumenbeeten. Schon seit dem 10. Jh. ist hier eine Festung belegt; 1331 wurden dem Ort die Stadtrechte verliehen. Auf einem Stadtbummel kann man Häuser aus dem 17. und 18. Jh. sowie das **Schloss** (17. Jh.) mit einem kleinen *Jagdmuseum* kennen lernen.

**Tipp** Von Durbuy folgt die Route der N 833 nach *Hotton*. Hier lockt eine der vielen Tropfsteinhöhlen der Ardennen. Märchenhaft: **Grotte des Mille et Une Nuits** (*Grotte aus 1001 Nacht;* ⌚ April bis Okt. 10–17, Juli/ Aug. 10–18 Uhr).

### La-Roche-en-Ardenne

Der Ort (4 000 Einw.) duckt sich an einer Flussschleife der Ourthe malerisch unter seiner gewaltigen *Burg* (Zugang über eine Treppe gegenüber dem Rathaus).

In der Umgebung gibt es eine Reihe von bekannten Aussichtspunkten, die einen weiten Blick in das gewundene Tal der Ourthe erlauben *(Le Hérou, Belvédère de six Ourthe)*.

**i** 15, pl. du Marché, 6980 La Roche-en-Ardenne, ☏ 0 84/41 19 00, Fax 41 29 00. Bahn, Bus.

Kajakfahrten auf der Ourthe mit Rücktransport: Ardenne Aventure, 27, rue de l'Eglise, ☏ 41 13 47.

**Linchet,** 11, route de Houffalize, ☎ 41 13 27, FAX 41 10 98. Etwas außerhalb, ruhige Lage zwischen Fluss und Wald. $$

**La Claire Fontaine,** 64, route de Hotton, ☎ 41 24 70, FAX 41 24 72. Schöner Garten, direkt am Flussufer. $

**Du Midi,** 6, rue Beausaint, ☎ 41 11 38. Feinste Regionalküche. $

### Bastogne

Die Wehranlage der kleinen Stadt (11 700 Einw.) unweit der Grenze nach Luxemburg ließ der Sonnenkönig Louis XIV 1688 bis auf die **Porte de Trèves** *(Trierer Tor)* schleifen. In der jüngeren Vergangenheit tauchte der Ortsname im Zusammenhang mit der Ardennenoffensive auf. Von diesem strategisch wichtigen Punkt aus koordinierten die Amerikaner um Weihnachten 1944 ihre Angriffe.

Etwa drei Kilometer östlich von Bastogne liegt bei **La Mardasson** auf einem Hügel die sternförmige Gedenkstätte für die 77 000 amerikanischen Soldaten, die in der Ardennenschlacht fielen. Die Krypta schmücken Mosaiken von Fernand Léger.

*Tank aus dem Zweiten Weltkrieg*

Auf dem Soldatenfriedhof **Recogne** ruhen 6 800 deutsche Gefallene der Ardennenschlacht.

### Arlon

Die alte Hauptstadt (23 000 Einw.) der Provinz Luxemburg im äußersten Südosten Belgiens liegt auf einem Hügel über der Quelle der **Semois.** Kelten, Römer, Merowinger – alle hinterließen ihre Spuren. Die umfangreichen Sammlungen des *Musée Luxembourgeois* bieten dem Interessierten ein vielseitiges Bild vom kulturellen Leben dieser Völker (🕐 tgl. 9–12 und 14–17 Uhr).

*Beeindruckend sind die Ruinen der Abbaye d'Orval*

2
Seite 59

Zu den Sehenswürdigkeiten zählen außerdem der *römische Turm* an der Grand' Place mit einem Neptunrelief (Zugang über eine Metalltreppe) und die Ruinen der *römischen Thermen* (4. Jh.) beim alten Friedhof. Hier sind die Reste der ältesten christlichen Kirche Belgiens aus dem 5. Jh. zu sehen.

## *Abbaye d'Orval

Seite 59

Bei Florenville im Tal der *Semois* bietet sich ein empfehlenswerter Abstecher nach Orval an. Der Ortsname steht in Belgien nicht nur für ein sehr gutes Bier und einen beliebten Käse, sondern auch für eine der berühmtesten Zisterzienserabteien des Landes. Im 11. Jh. siedelten sich hier Benediktinermönche aus Kalabrien an. 1132 schickte der hl. Bernhard Zisterziensermönche aus Trois-Fontaines in der Champagne in diese Waldeinsamkeit. Im Laufe der Zeit entwickelte sich Orval zu einem der reichsten und berühmtesten Klöster des Ordens in Europa. Während der Französischen Revolution wurde es ausgeraubt und in Brand gesteckt. In der Folgezeit wechselte die Anlage mehrmals den Besitzer, bis die Ruinen 1926 an französische Trappisten zurückgegeben wurden. 1946 war der Neubau des Klosters abgeschlossen. Die Besichtigung der bis heute imposanten Ruinen dauert etwa eine Stunde und sollte mit dem Film über das Leben der Mönche beginnen. Ein Rundweg führt nun zu den mittelalterlichen Ruinen der **Liebfrauenkirche,** dem *Kreuzgang* und dem gut erhaltenen *Kapitelsaal.* Von den kunstvoll gearbeiteten Kapitellen sind nur wenige Teile übrig geblieben. Im Kirchenchor befindet sich das Grab (1354) des Wenzeslaus, des ersten Herzogs von Luxemburg.

## **Bouillon

Im landschaftlich reizvollen Tal der *Semois* liegt auf halber Wegstrecke Bouillon. Überragt wird das Städtchen von der einst mächtigen Burg des *Gottfried von Bouillon* (1061–1100), der sie zur Finanzierung seiner Teilnahme am Ersten Kreuzzug ins Heilige Land an den Bischof von Lüttich verkaufte. Er nahm 1099 Jerusalem ein und herrschte unter dem Titel „Beschützer des Heiligen Grabes“ über die Stadt – bis zu seinem plötzlichen Tod ein Jahr später.

Um den Besitz seines Anwesens in Bouillon kam es immer wieder zu Querelen: So belagerte Karl V. die Burg, Mazarin suchte hinter ihren Mauern Schutz, und schließlich funktionierte Louis XIV von Frankreich sie zur Garnison um. Als letzter Prominenter flüchtete sich 1870 nach der unglücklichen Schlacht von Sedan Napoléon III (s. S. 55) in den Ort.

Die ****Burg** gilt als eindrucksvollstes Beispiel mittelalterlicher Festungsarchitektur in Belgien. Ursprünglich war sie über drei Zugbrücken zugänglich. Der Rundgang führt zunächst in einen riesigen Raum aus dem 12. Jh. und dann in den aus dem Fels gehauenen Saal „Godefroy de Bouillon“. Auf dem im Boden eingelassenen Kreuz legten die mitteralterlichen Kreuzfahrer ihr Gelöbnis ab.

Von der Aussichtsplattform der *Tour d'Autriche,* die im 16. Jh. restauriert wurde, bietet sich ein umfassender Blick über die Anlage, die Flussschleife der Semois und das Städtchen. Ergänzend zur Burg lohnt sich der Besuch des **Musée Ducal,** das in einem Haus aus dem 18. Jh. untergebracht ist.

Bouillon ist heute ein beliebter Ferienort, der seinen Gästen ein umfangreiches Freizeitangebot (Wanderwege, Kajak, Skilanglauf usw.) bietet.

**Redu,** das kleine Dorf der Bücher, ist Bibliophilen aus aller Welt einen Abstecher in die Ardennen wert. Deutsche Literatur findet man u.a. in den Geschäften *La Forge, de Griffel* und *De Boekenworm.* Jeweils am 1. Samstag im August findet in Redu die unterhaltsame „Nacht des Buches“ statt. ☎ 0 61/ 656516.

2
Seite 59

## Saint-Hubert

Inmitten ausgedehnter Wälder liegt Saint-Hubert (5 500 Einw.), das sich um die namensgebende Hubertuskirche gruppiert. Der Legende nach soll 683 Hubert, der spätere Bischof von Lüttich, am hl. Karfreitag ein Prachtexemplar von einem Hirschen gejagt haben. Bevor er auf das Tier anlegte, erstrahlte im Geweih ein leuchtendes Kreuz, und eine Stimme forderte ihn auf, von seiner maßlosen Jagdleidenschaft abzulassen und sein Leben der Verbreitung des jungen Christentums zu widmen. Hubert tat, wie ihm geheißen, und wurde später heilig gesprochen

Die spätgotische Kirche gehört zu einem im 7. Jh. gegründeten **Benediktinerkloster,** in das die Gebeine des Heiligen im 9. Jh. überführt wurden. Nach einem Großbrand (16. Jh.) wurde sie über romanischen Fundamenten als fünfschiffige Kirche mit Chorumgang und Apsidialkapellen wieder aufgebaut. Die barocke Verblendung der Fassade erfolgte im 18. Jh. Das Mittelschiff ist 25 m hoch, das Backsteingewölbe stammt aus dem 17. Jh. In der Schatzkammer *(Trésor)* werden Stola, Bischofsstab und Jagdhorn des Heiligen sowie ein Messgewand von Karl dem Großen gezeigt.

i Palais Abbatial, Place de l'Abbaye, 6870 St-Hubert, ☎ 0 61/61 30 10.

**Le Clos St-Michel,** 46, rue St-Michel, ☎ 61 25 59.
Exquisite Kochkunst, Fischspezialitäten; Terrasse und Garten. ($)

**Tipp** Alljährlich wird am ersten Wochenende im September unter großer Anteilnahme der Bevölkerung das **Hubertusfest** gefeiert und am 3. November mit viel Pomp die große **Sankt-Hubertus-Prozession.**

*Treppenaufgang in der Burg von Bouillon*

*Die Wallfahrtskirche St-Hubert liegt mitten im Wald*

*Die berühmte Zisterzienserabtei von Orval*

Seite 59

## Rochefort und Celles

Gut 1,5 km hinter St-Hubert verläuft die Route in Richtung Fornères (N 849), vorbei am **Parc à Gibier**, zum Museum **Le Fourneau St-Michel** mit einem alten Hochofen und dem ehemaligen Wohnhaus des Hüttenmeisters. Das Hüttenwerk wurde vom letzten Abt von St-Hubert im 18. Jh. gegründet.

### Rochefort

Am Rande des Nationalparks, zwischen den Flüssen Lesse und Lomme, ist **Rochefort** (11 000 Einw.), ein hübscher kleiner Urlaubs- und Ausflugsort, belgischen Bierkennern durch das in der Abtei St-Remy gebraute Trappistenbier der Marke „Rochefort" vertraut. Die Tropfsteinhöhlen **Grottes de Rochefort** beeindrucken mit der gewaltigen *„Salle du Sabbat"*.

Weit bekannter und daher auch überlaufener ist die Höhle von * **Han-sur-Lesse.** Diese gigantische **Tropfsteinhöhle* ist über 10 km lang; ein Drittel kann besichtigt werden. In der 12 °C kühlen und sehr feuchten Höhle suchten Menschen bereits ab der Jungsteinzeit Schutz vor Gefahren.

**Tipp** Nicht entgehen lassen sollte man sich das *Musée du Monde Souterrain* in dieser berühmtesten Tropfsteinhöhle Belgiens. Neben Informationen zur Höhlenforschung sind Fundstücke aus der Zeit der Merowinger bis zur Gegenwart ausgestellt.

Oberhalb der Tropfsteinhöhle erstreckt sich der 250 ha große Naturschutzpark **Parc National de Lesse et Lomme,** in dem Nachzüchtungen prähistorischer Tiere wie Bisons, Tarpane (kleine Wildpferde) und Auerochsen (eine durch Kreuzung erreichte Nachzüchtung der ausgestorbenen Art) leben.

### Celles

Der Ort ist eine Gründung des hl. Remaclus. Die romanische **Eglise St-Hadelin** (11. Jh.) stellt ein typisches Beispiel für den sogenannten Maas-Stil dar. Die Kirche besitzt zwei Krypten und einen dreischiffigen Innenraum mit Grisaillemalereien (17. Jh.) sowie das älteste Chorgestühl Belgiens. Als im 14. Jh. das Kloster aufgelöst wurde, brachte man den kostbaren St.-Hadelinus-Schrein nach Visé (s. S. 53).

Das Schloss von **Vêves** ist ein ausgezeichnetes Beispiel der Festungsarchitektur des 15. Jhs. Mehrfach umgebaut, wurde es im 18. Jh. wieder vollständig eingerichtet (Besichtigung möglich).

500 m südlich des Dorfes **Furfooz** liegt ein Naturschutzpark in einer Schleife der Lesse, an einer Stelle, die bis zum 10. Jh. bewohnt war. Prähistorische Funde und römische Bäder belegen die frühe Besiedelung dieses Ortes (ausgeschilderter Rundwanderweg).

### Unterwelt

Highlight der zweistündigen Besichtigungstour durch **Han-sur-Lesse** ist der 129 m hohe Kuppelsaal *Salle du Dôme* mit einer abschließenden kurzen Bootsfahrt auf der Lesse (Zugang zur Höhle mit der Elektrobahn im Ortszentrum, Eintrittskarten im „Accueil").

## Von Hastière nach ** Dinant

Bei **Mesnil-Saint-Blaise** biegt man auf die N 915 ab und erreicht nach wenigen Kilometern den Ort **Hastière.** Die romanische Liebfrauenkirche (11./12. Jh.) von *Hastière-par-delà* erhebt sich direkt am Ufer der Maas.

In der Krypta stehen zwei merowingische Sarkophage. Vom Chorgestühl blieben nur Teile erhalten, da alle Schnitzarbeiten, die den geistlichen Herren anstößig erschienen, 1443 entfernt werden mussten. Der Weg um die Kirche führt zu einer Mauer mit vielen unterschiedlichen Steinmetzzeichen.

Diese monogrammartigen Zeichen dienten zur Lohnabrechnung.

Kurz hinter **Waulsort,** einem kleinen Ferienort mit ehemals bedeutender Abtei, werden auf dem gegenüberliegenden Flussufer die grauen Übungsfelsen der belgischen Alpinisten bei **Freÿr** sichtbar.

Diesseits der Maas ist das Schloss der Ortschaft ein lohnendes Ziel. Eine ganze Menge über den Lebensstil des Hochadels lässt sich an der kompletten

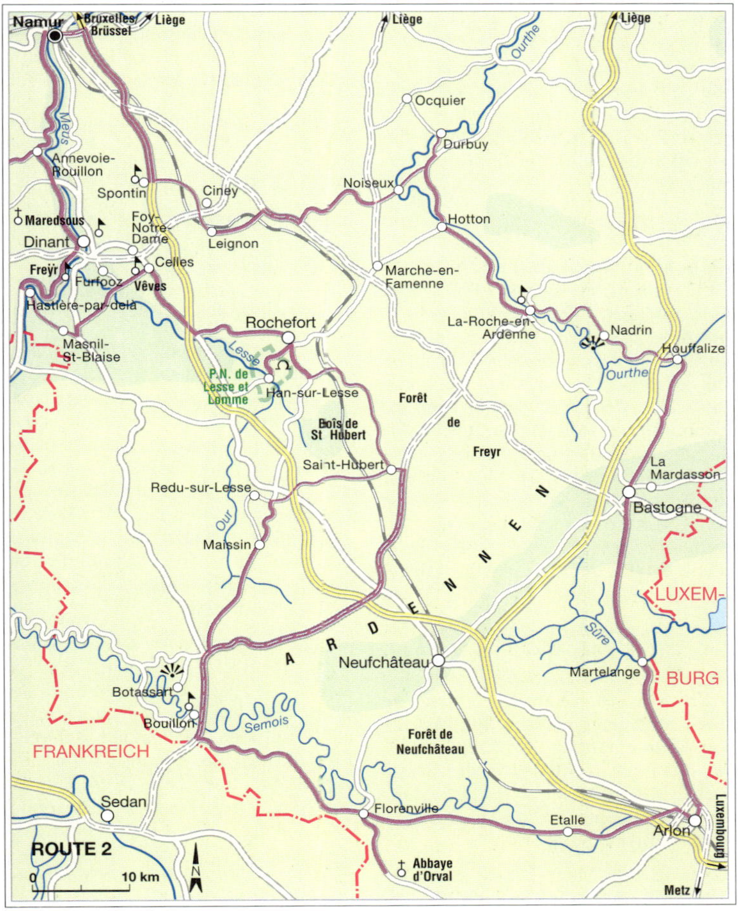

2

Seite 59

Inneneinrichtung der Wohnräume ablesen. Der französische Garten des Schlosses, der von den Schöpfungen des berühmten Gartenbaumeisters Le Nôtre inspiriert wurde, erstreckt sich über drei Terrassen oberhalb des Flusses.

Etwa 1 km südlich von Dinant türmt sich der **Rocher Bayard** auf. Da dieser Felsblock schon den Truppen von Louis XIV im Weg stand, ließ der Sonnenkönig kurzerhand eine Bresche sprengen. Der Felsen ist nach dem legendären Ross Bayard benannt, auf dessen Rücken den vier Haimonskindern (Sagenkreis um Karl den Großen und seinen Gegner Reinold de Montalban) die Flucht vor Kaiser Karl dem Großen gelang – eine in Belgien weit verbreitete Sage (s. S. 72), an die in vielen Orten Denkmäler oder Umzüge erinnern.

### ** Dinant

Die Stadt (12 000 Einw.) ist ein beliebter Urlaubsort, der sich in einzigartiger Lage auf über 4 km am Flussufer entlangzieht. Seit dem 12. Jh. ist Dinant berühmt für seine kunstvollen Kupfer- und Messingarbeiten, die „Dinanderien". Eine weitere Spezialität sind die „couques", in Holzmodeln gebackene Honigkuchen. Der aus Dinant stammende Adolphe Sax (1814–1894) war der Erfinder des Saxophons. Bedingt durch seine exponierte Lage war Dinant nicht erst im Zweiten Weltkrieg bevorzugtes Ziel kriegerischer Auseinandersetzungen.

Beherrschendes Bauwerk ist die **Zitadelle,** die man mit dem Auto, einer Kabinenseilbahn oder zu Fuß über 408 Stufen erreicht. Schon 1051 stand an dieser Stelle eine Festung. Der aktuelle Bau – mit einem kleinen Militärmuseum – stammt aus der Zeit der Besatzung (1818–1821) durch die Niederländer. Von hier oben bietet sich ein fantastischer Blick auf die Stadt.

Die **Grotte de Mont-Fat** ist eine prähistorische Höhle auf halber Höhe des Zitadellenhügels; die Römer verehrten hier die Jagdgöttin Diana.

Eingezwängt zwischen Fluss und Straße liegt unterhalb der Zitadelle die frühgotische **Collégiale Notre-Dame.** Ihr wurde im 17. Jh. der süddeutsch anmutende, fast erdrückend große Zwiebelturm aufgesetzt, der heute das Wahrzeichen von Dinant ist. Lesepult und Leuchter im Chor sind Prachtbeispiele für „Dinanderien".

i 36, rue Grande, 5500 Dinant, ☏ 0 82/22 90 38. 

Schiffsanlegestelle für Fahrten auf der Meuse gegenüber dem Hôtel de Ville (Rathaus).

**De la Couronne,** 1, rue Sax, ☏ 22 27 31, FAX 22 70 31. Ein kleines, gut geführtes Mittelklassehotel. $

**Thermidor,** 3, rue de station, ☏ 22 31 35. Auf der Speisekarte steht eine große Auswahl typischer Gerichte der wallonischen Küche. $

Die letzten Kilometer bis **Namur* legt man am besten am rechtsseitigen Ufer der Maas zurück, um noch einige empfehlenswerte Abstecher mitzunehmen: Da ist die **Abbaye de Maredsous** zu nennen. Die neugotische Anlage wurde erst 1872 von den Benediktinern gegründet. Landesweit ist eine Käsesorte zum Begriff geworden, die hier produziert wird und deren Verkauf für die Mönche zu einer wichtigen Einnahmequelle geworden ist.

Das Lustschloss von **Annevoie-Rouillon** (18. Jh.) fügt sich als harmonischer Teil in den großzügig angelegten Park, der neben französischen und italienischen auch englische Stilelemente aufweist. Im Frühling und Sommer wird eine Gartenschau mit unzähligen blühenden Tulpen bzw. Rosen und Begonien veranstaltet.

*In kleinen Ortschaften findet man noch so idyllische Szenen*

# Route 3

3

Seite 73

## Im Herzen des Landes

**Diest – ** Leuven – Charleroi – Chimay – ** Mechelen – ** Lier – Diest (464 km)**

**Diese Rundfahrt, für die man sich mindestens vier Tage Zeit nehmen sollte, beschreibt einen weiten Bogen um die Landeshauptstadt Brüssel und führt durch die Provinzen Flämisch- und Wallonisch-Brabant, Hennegau, Ostflandern und Antwerpen. Zunächst fährt man durch das Hügelland im Schatten der Ardennen; im Norden geht es durch das von Jacques Brel so treffend besungene „plat pays" – Flandern. Eine abwechslungsreiche Landschaft, die nicht nur bekannte und weniger bekannte Kunstschätze bereithält, sondern auch mit interessanten technischen Baudenkmälern aufwarten kann.**

## Durch Brabant nach **Leuven

### Diest

Das Städtchen (21 500 Einw.) verschanzt sich noch heute hinter einer teilweise gut erhaltenen Stadtmauer an der Flussschleife der *Demer.* Zentrum ist der **Grote Markt** mit dem gotischen Rathaus. In seinem Untergeschoss mit alten Gewölben zeigt das **Stedelijk Museum** Rüstungen und Kunstwerke (15./16. Jh.), Sudkessel und andere Gerätschaften einer alten Brauerei sowie aufwendige Zunftketten.

Beherrschendes Bauwerk der Stadt ist die **Sint-Sulpitiuskerk** (14.–16. Jh.), deren Turm unvollendet geblieben ist. Im Vierungsturm, der liebevoll „Mosterdpot", Senftopf, genannt wird, befindet sich ein Glockenspiel.

Durch ein großes Barockportal betritt man den im 13. Jh. gegründeten **Begijnenhof** in der gleichnamigen Straße. Den schönsten Blick auf das Bauensemble genießt man von der *Leopoldvest;* folgt man der Straße weiter, ergibt sich eine hübsche Aussicht auf den *Stadtpark Warade* und die Windmühle *Lindenmolen* (18. Jh.).

**Dienst Cultuur en Toerisme,** Stadthuis, Grote Markt 1, 3290 Diest, ☎ 0 13/31 21 21, FAX 32 23 06.

An der Straße Richtung *Aarschot* liegt **Scherpenheuvel** (frz. *Montaigu;* 20 500 Einw.) mit seiner barocken Wallfahrtskirche (1609–1627), bekrönt von einer gewaltigen Metallkuppel. Die Abtei ist Zentrum der belgischen Marienverehrung: Alljährlich an Allerheiligen findet eine Kerzenprozession statt.

### Aarschot

Die kleine Industriestadt (26 000 Einw.) am Ufer der Demer blieb von den beiden Weltkriegen nicht verschont, wurde aber wie so viele andere Städte Belgiens im historischen Kern nach alten Plänen wieder aufgebaut.

Von kunsthistorischem Interesse sind Chor und Schiff der spätgotischen **Onze-Lieve-Vrouwekerk** mit ihrem dominanten 85 m hohen Fassadenturm. Besondere Aufmerksamkeit verdienen die Szenen des geschnitzten Chorgestühls, auf dem flämische Sprichwörter in teilweise drastischer Eindeutigkeit dargestellt sind. Der schmiedeeiserne Kronleuchter, der um 1500 entstand, wird Quentin Metsys zugeschrieben.

Auch Aarschot besitzt einen **Beginenhof,** in dem noch einige renovierte Häuser aus dem 17. Jh. erhalten sind. Rechter Hand, am Ufer der Demer, stehen die *Herzogsmühlen,* Reste der ehemaligen Stadtbefestigung, die Kaiser Joseph II. 1782 schleifen ließ.

Bei *Sint-Pieters-Rode,* 8 km südlich von Aarschot, lockt das idyllische Wasserschloss **Horst.** Herrliche Stuckdecken mit Szenen aus den Metamorphosen von Ovid schmücken die Innenräume der Backsteinbauten (16.–18. Jh.). Angeschlossen ist ein Freizeitpark.

Detail am Barockportal des Beginenhofs in Diest

## **Leuven

Das geschichtsträchtige Städtchen, (frz. *Louvain;* 85 000 Einw.) steht den großen belgischen Kunststädten in nichts nach. Brennpunkt des Lebens ist von jeher die 1425 gegründete, älteste Universität des Landes. Im Mittelalter hatte der um 900 erstmals urkundlich erwähnte Ort zunächst durch den Tuchhandel Bedeutung erlangt. Nach einem blutigen Aufstand der Zünfte gegen die Aristokratie (1378) verließen die Weber, denen die weitere Ausübung ihres Berufs untersagt worden war, die Stadt – mit ihnen verschwand auch der einstige Wohlstand.

Die Gründung der „Katholischen Universität" milderte den Niedergang und brachte neuen Ruhm. Der Humanist Erasmus von Rotterdam lehrte hier und gründete ein „Drei-Sprachen-Kolleg" für Hebräisch, Griechisch und Latein.

Das Stadhuis von Leuven

Das spätgotische ****Stadhuis** (1439 bis 1469) am *Grote Markt* gilt als der schönste Profanbau seiner Zeit. Der Baumeister Mathijs de Layens entwarf ein wahres Schmuckstück: Bögen, Nischen und Figuren türmen sich himmelwärts – vergleichbar den filigranen Goldschmiedearbeiten jener Zeit – über drei Etagen.

In nicht weniger als 236 Nischen stehen Statuen von Heiligen und Königen, Gelehrten und Dichtern. Vier Fensterreihen mit hochgezogenen Spitzdächern lockern das Schieferdach auf; die Schmalseiten schließen mit je zwei eleganten Türmen und je einem Spitztürmchen auf dem Dachfirst ab. Bei der Innenbesichtigung sind u. a. Werke des Bildhauers Constantin Meunier (1831–1905) zu sehen.

Schiff der spätgotischen Onze-Lieve-Vrouwekerk in Aarschot

3
Seite 73

Bei der im Stil der Brabanter Spätgotik gehaltenen ***Sint-Pieterskerk** handelt es sich um einen kreuzförmigen Basilikabau mit Chorumgang und Kapellen. Der Innenraum besticht durch klare Linienführung. Den Chorraum grenzt ein dreibogiger Lettner ab, der älteste in Belgien. Die üppige Barockkanzel zeigt Szenen aus dem Leben des hl. Norbert und die Verleumdung Petri.

Das im Chor der Kirche eingerichtete ***Museum voor Religieuze Kunst** zeigt prächtige Altartafeln von Dirk Bouts, das Abendmahl, das Martyrium des hl. Erasmus sowie die von Bouts ausgeführte Kopie einer Kreuzabnahme von Rogier van der Weyden (Original im Prado, Madrid). Von seltener Ausdrucksstärke ist der im 13. Jh. geschaffene Christuskopf aus Holz; das Triptychon von Joost van der Baeren stellt das Martyrium der hl. Dorothea dar.

3

Seite 73

In der *Naamsestraat* stehen noch einige alte Universitätsgebäude. Die **Universitätshalle,** ursprünglich als Tuchhalle errichtet (14. Jh.), wurde nach ihrer Zerstörung 1914 nach alten Plänen wieder aufgebaut; das **Papstkolleg** (18. Jh.) wurde von Papst Hadrian VI., einem gebürtigen Belgier, gegründet. An der Naamsesstraat prunkt die **Sint-Michielskerk** mit einer üppigen flämischen Barockfassade.

## Beginenhöfe

Flanderns fromme Frauen, ledig oder verwitwet, lebten seit dem 13. Jh. in klosterähnlicher Gemeinschaft in den sog. **Beginenhöfen** der alten Handelsstädte. Dort pflegten die bescheidenen *Beginen* Kranke und Alte, unterrichteten Kinder aus armen Familien und stellten wertvolle geklöppelte Spitze her. Gut 20 dieser idyllischen Quartiere sind zu besichtigen, u. a. in Gent, Antwerpen, Aalst, Diest und Lier; sie sind meist von Benediktinerinnen bewohnt – oder von Studenten, wie in Leuven.

Der große ***Beginenhof** an der Dijle entstand im 13. Jh.; ein Großteil der heutigen Gebäude stammt jedoch aus dem 17. Jh.

**Dienst voor Toerisme,** Stadhuis, Grote Markt 9, 3000 Leuven, ☎ 0 16/21 15 39, Fax 21 15 49.

Die *Museen* der Stadt sind gewöhnlich Di–Sa 10–12 und 14–17 Uhr, So 14–17 Uhr geöffnet.
Die *Brauerei Artois* kann nur nach vorheriger Vereinbarung, ☎ 24 72 99, besichtigt werden.

**Binnenhof,** Maria-Theresiastraat 65, ☎ 20 55 92, Fax 23 69 26. Solides Hotel nahe der Innenstadt. $$
**City,** Zeelstraat 8–10, ☎ 22 05 85. $$
**New International Youth Hotel,** Provinciestraat 256, ☎ 23 00 522. Zentrale Zimmer und Schlafsäle. $

**Lukermieke,** Vlamingenstraat 55, ☎ 22 97 05. Vegetarisch. $

Tipp „Markt-Rock“, Open-air-Festival auf dem Oude Markt, alljährlich Mitte August.

## Durch die Wallonie und das Hennegau

**Louvain-la-Neuve** (20 971 Einw.). Der Ende der 60er-Jahre mit großer Erbitterung geführte flämisch-wallonische Sprachenstreit führte zur Aufspaltung der altehrwürdigen Katholischen Universität Leuven. 1971 wurde die französischsprachige *Université Catholique de Louvain* 30 km südöstlich von Brüssel eröffnet. Als städtebauliches Experiment wurde diese Studentenstadt unter Architekten ebenso bekannt wie als exzellente akademische Adresse.

Die Zisterzienserabtei in ***Villers-la-Ville,** 1147 von Bernhard von Clairvaux gegründet, war einst eine der reichsten Belgiens. Zerstörungen und Plünderungen während der Religionskriege und während der Französischen Revolution führten ihren Untergang herbei. Durch die immer noch imposanten, mit Efeu überrankten Ruinen führt ein ausgeschilderter Rundweg.

Der Beginenhof in Aarschot

Inzwischen haben wir das weite, wellige Flandern verlassen und fahren durch das kleinräumige grüne Hügelland der Wallonie.

**Tipp** Wanderführungen zu den auserwählten „schönsten Dörfern der Wallonie" veranstaltet im Sommer (sonntags) die Vereinigung *Les Plus Beaux Villages de Wallonie*, Naninne, ☎ 0 81/40 80.

Universitätsgebäude von Louvain-la-Neuve

## Von Charleroi nach Chimay

Das Industriezentrum (206 500 Einw.) des *Hennegau* (Hainaut) im Kohlerevier präsentiert sich trotz aller Verschönerungsbemühungen wenig attraktiv.

Dank den Kohlevorkommen entstand im 16. Jh. hier die erste Glashütte. Das *Musée du Verre* informiert über die unterschiedlichen Methoden der Glasherstellung. Im Untergeschoss befindet sich ein kleines *Archäologisches Museum* mit Exponaten aus römischer und merowingischer Zeit.

Karolingische Kollegiatskirche St-Ursmer in Binche

Über den Wallfahrtsort **Walcourt** (15 200 Einw.) mit der trotz der langen Bauzeit (13.–16. Jh.) unvollendet gebliebenen *Basilique St-Materne* erreicht man den ** **Barrage de l'Eau d'Heure.** Der größte Stausee Belgiens (351 ha, 71 m langer Staudamm) hat sich zu einem beliebten Wassersport- und Erholungsgebiet entwickelt. Nicht weit davon liegt in einem Naturpark der ** **Etang de Virelles,** der größte natürliche See des Landes.

## Von Chimay nach Beaumont

Hier, im südlichsten Zipfel des Hennegaus, lohnt vor allem das *Renaissanceschloss* einen Besuch. Hinter der Kalksteinfassade verbergen sich herrliche

3
Seite 73

Salons und ein Rokokotheater (1863), in dem alljährlich im Juni/Juli Musikfestspiele stattfinden. In der gotischen Kollegiatskirche *Sts-Pierre-et-Paul* (Chor 13. Jh.) steht in der ersten Kapelle rechts das Epitaph des Jean Froissart (1337–1410), eines bedeutenden Geschichtsschreibers und Dichters.

Durch die *Forêt de Rance* geht es nun wieder nordwärts nach **Beaumont,** einem alten Städtchen mit der Tour Salamandre, dem letzten Rest einer Stadtbefestigung (12. Jh.). In **Montignies-St-Christophe** steht noch eine alte römische Brücke mit 13 Bögen.

3

Seite 73

### Lobbes

Ein Straßenräuber soll Lobbes (5 300 Einw.) gegründet haben. Von Reue gepackt, soll der später heilig gesprochene Landelinus im 7. Jh. die hiesige Benediktinerabtei gebaut haben, die während der Französischen Revolution zerstört wurde. Oben auf dem Hügel steht die ursprünglich karolingische *Collégiale St-Ursmer* (11. Jh.). Der Vierungsturm wurde erst im 19. Jh. hinzugefügt. Der schlichte, dreischiffige Kirchenraum dürfte annähernd sein mittelalterliches Aussehen behalten haben. Chor, Krypta (mit Ausnahme der im 16. Jh. erneuerten Säulen), Portikus und Westturm sind romanisch. In der Krypta stehen die Sarkophage der hl. Ursmer und Ermin (9. Jh.).

## Thuin und die Borinage

Der malerische Ort **Thuin** (14 300 Einw.) erstreckt sich auf dem gegenüberliegenden Ufer der Sambre am Hang. Die *Tour Notger* (10. Jh.) ist der weithin sichtbare Wachturm der ehemaligen Stadtbefestigung, die der Fürstbischof von Lüttich (s. S. 42) errichten ließ.

An einem Bogen der Sambre liegt die gewaltige Ruine der *Abtei* von * **Aulne.** Das Kloster, das zunächst den Benediktinern von Lobbes unterstand, wurde 1147 von Mönchen aus Clairvaux übernommen, geht aber ebenfalls auf eine Gründung des hl. Landelinus im Jahre 656 zurück. Wie Lobbes wurde es während der Revolution von den Franzosen zerstört.

**Tipp** Am letzten Wochenende im Mai findet hier alljährlich im Rahmen der großen St.-Rochus-Prozession eine der berühmtesten historischen Militärparaden des Hennegau statt.

### Binche

Die reizvolle Altstadt von **Binche** (33 700 Einw.) liegt im Schutz eines von den Franzosen 1554 geschleiften mittelalterlichen *Befestigungswalls* mit 27 Türmen. Am besten erhalten ist der südliche Teil zwischen dem Museum und der *Collégiale St-Ursmer.* Die frühromanische Kirche wurde 1404 erweitert und nach schweren Schäden

### Karnevalshochburg

Binche ist weithin als Karnevalshochburg bekannt. Der wichtigste Tag ist der Dienstag, wenn die *Gilles* die Stadt beherrschen. Bereits im Morgengrauen sammeln sich Hunderte von Männern in ihren mit Wappen und Löwen besetzten Kostümen in den Straßen der Stadt. Noch tragen sie nicht ihre charakteristischen hohen Federhüte, sondern weiße Hauben und feine Masken, die ein rosiges Gesicht mit Schnurrbart und grüner Brille zeigen. In mitreißendem Rhythmus klappern sie auf ihren Holzschuhen durch die Straßen. Erst am Nachmittag legen sie die Masken ab, setzen den üppigen Kopfschmuck aus Straußenfedern auf und nehmen den Korb mit Orangen in die Hand. Zu den ohrenbetäubenden Klängen von Viola, Akkordeon, Drehorgel und Trommeln tanzen sie dann durch die Stadt, begleitet von allerlei bunten Masken, die die mittelalterlichen Straßen bis in die tiefe Nacht hinein in einen fröhlichen Hexenkessel verwandeln.

(16. Jh.) wieder aufgebaut. Aus der Gründungszeit stammen nur ein Teil des Turmes und das Hauptportal. Im Innenraum verdienen der herrliche Renaissancelettner und der reiche Kirchenschatz Beachtung. Das *Musée International du Carnaval et du Masque* in der Nähe der Kollegiatskirche besitzt eine sehr umfangreiche Masken- und Kostümsammlung.

*Théâtre Royal in Mons*

**i** Hôtel de Ville,
Grand' Place, 7130 Binche,
☎ 0 64/33 67 27.

**Tipp** Ein höchst informativer Film über den Karneval von Binche: *Musée International du Carnaval et du Masque* (🕓 tgl außer Do 9.30–12.30 und 13.30–18 Uhr).

*Binche: Avenue Charles-Deliege*

## Mons

Die Provinzhauptstadt (fläm. *Bergen;* 96 700 Einw.) des Hennegau und Zentrum der *Borinage,* des „belgischen Kohlenpotts", ist auch eine Kunststadt. Hier wurde 1532 der Komponist Orlando di Lasso geboren, einer der bedeutendsten Musiker der Renaissance. Im Mittelalter wurde die Tuchmacherstadt abwechselnd von Spanien, Österreich und Frankreich okkupiert. Im 19. Jh. florierte der Kohlebergbau.

Zentrum ist die Grand' Place mit ihren vielen Cafés und dem gotischen *Rathaus.* Links neben dem Hauptportal fällt der Blick auf ein kleines Äffchen. Dieser „Singe de Grand-Garde" gilt heute als Glücksbringer, früher war er vielleicht Teil des Kinderprangers. Die Innenräume des Rathauses (u. a. eine der ehemals acht Tapisserien aus der Kathedrale) können besichtigt werden.

Hinter dem Rathaus liegt das Keramikmuseum *(Musée de Céramique)* mit über 3000 Ausstellungsstücken.

3
Seite 73

3

Seite 73

Der barocke *Belfried* (89 m, Aufzug, Glockenspiel), das Wahrzeichen von Mons, steht auf dem Square du Château an der Stelle des Schlosses der Grafen des Hennegau.

Die Stiftskirche ** *Collégiale Ste-Waudru* auf der Anhöhe, die der Stadt den Namen gab, wurde von Mathieu de Layens, dem Baumeister des Leuvener Rathauses, im Stil der Brabanter Spätgotik entworfen und erbaut (1450 bis 1691). Trotz dieser langen Zeitspanne entstand ein harmonischer Baukörper von eindrucksvoller Größe.

i 22, Grand' Place, 7000 Mons, ☎ 0 65/33 55 80, Fax 35 63 36.

**St-Georges,** 15, rue des Clercs, ☎ 31 16 29. Einfach, zentral. ($)

**Davos,** 7, rue Coupe, ☎ 35 13 35. Regionale Spezialitäten in höchster Vollendung. ($$)

**Alter Ego,** 6, rue Nimy, ☎ 35 52 60. Fast ebenso fein wie die Küche im Davos, aber weitaus günstiger. ($)

In **Cuesmes,** 4 km südlich von Mons, lebte von Dezember 1878 bis 1880 Vincent van Gogh als Laienprediger bei einer Bergarbeiterfamilie. Hier entstanden seine frühen Bilder, die auf beeindruckende Weise die harten Lebensbedingungen der Arbeiter widerspiegeln. Sein ärmliches Zimmer in der Rue des Pavillons kann besichtigt werden.

## *Le Grand Hornu und **Belœil

6 km westlich von Cuesmes erreicht man die denkmalgeschützte Industrieanlage * **Le Grand Hornu,** die zwischen 1814 und 1832 errichtet wurde. Der Unternehmer – ein Bergwerksbesitzer – ließ hier nicht nur verschiedenste Produktionsstätten und Verwaltungsgebäude errichten, sondern auch einen Herrensitz für seine Familie und eine ausgedehnte Arbeitersiedlung.

### ** Belœil

**Belœil** (13 500 Einw.) ist wegen seines berühmten Schlosses ein touristisches Muss. In barocken Formen, doch wegen der Verwendung von Ziegel und Sandstein ungewohnt streng und ernst, war es seit dem 14. Jh. über Generationen im Besitz der Prinzen de Ligne. Die kostbar möblierten Räume sind mit den Geschenken so illustrer Gäste wie Marie-Antoinette, Johann Wolfgang von Goethe, Katharina der Großen, Rousseau und Voltaire ausgestattet. Die Bibliothek umfasst mehr als 20 000 Bände. Der 120 ha große **Park,* vermutlich eine Anlage des Gartenbaumeisters Le Nôtre, gilt als der schönste Belgiens.

## Von Ath nach *Nivelles

An der *Grand' Place* von **Ath** stehen das Rathaus (17. Jh.) und die Kirche *St-Julien* mit ihrem hohen Turm (15. Jh.). Unweit davon versteckt sich in einer der engen Gassen der viereckige *Donjon* (14. Jh.). Die größte Anziehungskraft vermeldet Ath alljährlich am vierten Sonntag im August, zur Ducasse, einem Umzug mit Riesenfiguren (ca. 4 m hoch, 100 kg schwer). Dargestellt wird die Familie Goliath: Herr und Frau Gouyasse (Goliath) mit ihren Söhnen und ihrem Gefolge. Am Vortag wird ab

### Canal du Centre

Von Mons aus empfiehlt sich ein Abstecher nach *La Louvière,* zu den vier * **Schiffshebewerken des Canal du Centre Strepy-Thiey.** Mit hydraulischen Aufzügen (erbaut 1888 bis 1917) konnten Schiffe ein Gefälle von 66 Höhenmetern überwinden. Ein Spaziergang entlang der Kanalufer ist eine Möglichkeit, die typischen Gründerzeit-Bauten auf sich wirken zu lassen, man kann aber auch mit einem Boot durch die Hebewerke fahren (🕓 Mai/Juni, Sept./Okt. Sa 10 und 14 Uhr; Juli/August Mo–Fr 10 und 14 Uhr).

15 Uhr vor dem Rathaus der Kampf Davids gegen Goliath ausgetragen.

Nur 6 km südöstlich von Ath erreicht man das charmante Schlösschen **Attre.** Seine sehr dekorative Treppe soll nach Plänen des Rokokobaumeisters François Cuvilliés ausgeführt worden sein. Zu den Schätzen zählen Gemälde von Watteau und Snyders. Sehenswert ist der Park mit seinem Taubenturm, den künstlichen Felsen und Grotten.

*Schloß Belœil war Treffpunkt europäischer Geistesgrößen*

**Soignies** (fläm. *Zinnik;* 23 400 Einw.) am Ufer der Senne entwickelte sich um eine 650 vom hl. Vinzenz gegründete Abtei. Die *Stiftskirche St-Vincent* ist ein wuchtiger Bau mit lombardischen Bögen, die von zwei massiven Türmen überragt werden. Auf dem alten Friedhof (heute Stadtpark, Zugang durch die Rue Henry-Leroy) ist in einer romanischen Kapelle ein sehenswertes *Archäologisches Museum* untergebracht.

*Die Stiftskirche St-Vincent in Soignies*

Die *Schiefe Ebene* von **Ronquières** ist ein weiteres Hilfsmittel der belgischen Binnenschifffahrt, die Höhenunterschiede – in diesem Fall die 68 m im Verlauf des Kanals Brüssel–Charleroi – zu überwinden. Die Schiffe werden in riesigen, wassergefüllten Becken mit Hilfe starker Stahlseile über eine schiefe Ebene hinaufgezogen bzw. hinuntergelassen. Vom Steuerturm aus hat man eine prächtige Aussicht nicht nur auf das faszinierende technische Meisterwerk, sondern auch weit über das Land. ◷ April bis Oktober 10–19 Uhr. ⛴ Rundfahrten: Di, Do, Fr, Sa, So 12, 14, 15.30 und 17.30 Uhr.

*Stiftskirche Ste-Gertrude in Nivelles*

* **Nivelles** (fläm. *Nijvel;* 22 000 Einw.) ist ein gepflegter, alter Ort mit einer großartigen Stiftskirche. Bis zur Säkularisation war er ein intellektuelles und wirtschaftliches Zentrum des Landes. Itta, die Witwe Pippins d. Ä., gründete hier mit ihrer Tochter, der hl. Gertrud, um 650 ein Kloster. Im 12. Jh. bekam die Stadt einen Befestigungsring, von

3
Seite 73

dem noch die *Tour Simone* erhalten ist. Im Mai 1940 wurde die Stadt Opfer deutscher Bomben. Beim Wiederaufbau der Stiftskirche *Ste-Gertrude* (11. Jh.) an der Grand' Place legte man merowingische und karolingische Gebäudeteile sowie das Grab der hl. Gertrud frei. Die Kirche ist ein gutes Beispiel ottonisch geprägter Romanik. Das gewaltige Bauwerk mit dem 102 m langen Langhaus, zwei Querschiffen und zwei Chören hat einen (restaurierten) romanischen Westvorbau mit Turm. Besondere Beachtung verdienen die romanischen Skulpturen am Türsturz des linken Portals im westlichen Vorbau. Über dem Westchor liegt der Kaisersaal mit drei großartigen Kuppeln, unter dem Ostchor die Krypta mit Kreuzgratgewölbe und Resten der fünf Vorgängerkirchen. Hier liegt auch das Grab der hl. Gertrud. Alljährlich findet hier am 1. Sonntag im Oktober eine 12 km lange Pferdeprozession mit anschließender Segnung der Tiere statt.

3

Seite 73

Das *Archäologische Museum* zeigt Funde von der prähistorischen bis zur römischen Zeit, vier herrliche Statuen vom gotischen Lettner der Stiftskirche und barocke Terrakottaarbeiten von Laurent Delvaux (1696–1778). tgl. außer Di 9.30–12 und 14.30–17 Uhr.

**Office de Tourisme,** Hôtel de Ville, Place Albert-I, 1400 Nivelles, 0 67/21 54 13, 21 57 13.

**Motel Nivelles-Sud,** 22, chaussée de Mons, 21 87 21, 22 10 88. Angenehme Unterkunft mit kleinem Schwimmbad, gute Küche.

## Von Waterloo nach Ostflandern

### Waterloo

Waterloo (25 000 Einw.) ist durch Napoleon nachhaltig zum Synonym für eine vernichtende Niederlage geworden. Auf dem weiten Feld zwischen *Braine-l'Alleud, Mont St-Jean, La Marache* und *Plancenot* fand am 18. Juni 1815 der letzte, entscheidende Kampf zwischen Napoleon und der Koalition der europäischen Mächte statt, militärisch geführt von Wellington und Blücher. Die Schlacht war für die damalige Zeit ungemein blutig: 50 000 Tote und Verletzte an einem Nachmittag. Sie entschied das weitere Schicksal Europas, das im Wiener Kongress von den Siegermächten aufgeteilt wurde.

Die **Butte du Lion,** einen 45 m hohen Hügel mit dem starr nach Frankreich blickenden gusseisernen Löwen, legten die Niederländer 1826 an. Das Rundgemälde im benachbarten **Panorama de la Bataille** zeigt die blutige Schlacht. Einzelheiten darüber im Wellington-Museum.

### Halle

Seit dem Mittelalter ist Halle (frz. *Hal;* 33 000 Einw.) ein berühmter Marienwallfahrtsort mit großen Prozessionen (Pfingsten und jeweils am ersten So Sept. und Okt.). Ziel der Pilger ist die wundertätige Schwarze Madonna (13. Jh.) über dem Hochaltar der **Onze-Lieve-Vrouwebasiliek,** die auch als *Sint-Martinuskerk* bezeichnet wird. Die Kirche gilt als ein Juwel Brabanter Spätgotik. Der mächtige Glockenturm (Glockenspiel mit 54 Glocken) mit barocker Turmspitze drückt Wehrhaftigkeit aus. Zu den bemerkenswerten Skulpturen gehören an den Portalen die Jungfrau mit Kind und die Marienkrönung.

Die wichtigsten Kunstwerke im Kircheninneren sind der reich mit Figuren geschmückte Deckel des Taufbeckens von 1466 und die ausdrucksstarken Apostelfiguren im Chor, die von den Arbeiten von Claus Sluter, dem burgundischen Hofbildhauer, beeinflusst sind. Die Krypta beherbergt den kostbaren Kirchenschatz.

Die 32 Kanonenkugeln neben dem Eingang erinnern daran, dass die

Schwarze Madonna 1580 mit Waffengewalt gegen die Kalvinisten verteidigt wurde. Das **Rathaus** am *Grote Mark* besitzt eine Renaissancefassade.

Am 18. Juni 1815 wurde Napoleon von den preußischen und englischen Truppen besiegt

## Aalst

Das Städtchen Aalst (frz. *Alost;* 79 400 Einw.), am Ufer der Dender, liegt bereits in der weiten, offenen Landschaft Ostflanderns. Es lebt von der Schwerindustrie, aber auch vom groß angelegten Anbau von Schnittblumen und ist zudem berühmt für seinen burlesken Karneval.

Auf dem *Grote Markt* (jeden Morgen Blumenmarkt) steht das **Schepenhuis** (Schöffenhaus; 15. Jh.), ein elegantes Gebäude mit Teilen aus dem 13. Jh. und einem mächtigen Belfried (Glockenspiel mit 52 Glocken) sowie die *Börse von Amsterdam* (Beurs van Amsterdam (17./18. Jh.); heute Hotelrestaurant). Die hochgotische **Sint-Martinuskerk** wurde nie vollendet. Zu den Schätzen ihrer Innenausstattung zählen ein großes Rubensgemälde und ein Tabernakel von J. Duquesnoy d. Ä. aus schwarzem und weißem Marmor. Unweit der Kirche findet man das **Oud-Hospitaal,** ein hübsches Backsteinensemble mit dem Städtischen Museum, das im ehemaligen Kreuzgang und einer Kapelle Exponate zur Lokalgeschichte zeigt.

Grote Markt in Dendermonde

i Belfried, Grote Markt, 9300 Aalst, ☎ 0 53/73 21 21, FAX 73 21 28.

**Royal Astrid,** Keizersplein 27, ☎ 77 52 24, FAX 78 97 76. Kleines Hotel mit Terrassenrestaurant. $

**De lange Muur,** Stationsplein, ☎ 77 37 46, FAX 78 53 90. Einfaches Haus, in Bahnhofsnähe. $

Marienkrönung über dem Portal der Basilika in Halle

3

Seite 73

## Im Schelde- und Waasland

Am Zusammenfluss von Dender und Schelde, inmitten des Scheldelandes, liegt **Dendermonde** (frz. *Termonde;* 42 500 Einw.). Diese Lage kam den Bewohnern während der französischen Belagerung im 17. Jh. zugute: Sie inszenierten eine künstliche Überschwemmung, die Louis XIV zu dem Ausspruch veranlasst haben soll: „Verdammte Stadt, warum habe ich bloß kein Heer von Enten, um dich zu erobern!"

Im Ersten Weltkrieg wurde Dendermonde von deutschen Truppen schwer zerstört. Am *Grote Markt* stehen nur noch einige historische Gebäude: das Rathaus, die ehemalige *Tuchhalle* und das *Fleischhaus* (heute Stadtmuseum). In der gotischen *Onze-Lieve-Vrouwekerk* mit einem romanischen Taufbecken hängen zwei Gemälde von Anthonis van Dyck, einem der bekanntesten Schüler Rubens'. Empfehlenswert ist ein Blick in den *Beginenhof* (17. Jh.) an der Brusselsestraat.

3

Seite 73

### Bayard, das Wunderross

Dendermonde nennt sich die „Stadt des Rosses Bayard". Bayard hieß das sagenhaft starke Pferd der sogenannten Haimonskinder, Söhne des Aimon, eines Rivalen von Karl dem Großen. Reinold, der älteste der vier Brüder und Besitzer des Wunderrosses, erschlug im Streit einen Neffen des Kaisers. Die Brüder flohen auf dem Pferd, wurden aber von Karl unnachgiebig verfolgt. Die Fehde konnte nur beigelegt werden, weil Reinold – blutenden Herzens – sein treues Pferd auslieferte oder, wie es vor allem die in Dendermonde erzählte Fassung will, in der Schelde ertränkte. Reinold soll später am Bau des Kölner Doms mitgewirkt haben und von Arbeitskameraden aus Neid erschlagen und in den Rhein geworfen worden sein. In Dortmund wird er als Stadtpatron verehrt.

Das wirtschaftliche Zentrum des fruchtbaren Waaslandes, **Sint-Niklaas** (frz. *St-Nicolas;* 68 300 Einw.), ist bekannt für den flächenmäßig größten Marktplatz (3,19 ha) Belgiens, an dessen Ostseite einige sehr schöne Renaissancehäuser (Nr. 43, Nr. 45 und Nr. 46) die Blicke auf sich ziehen. Im *Museum* ist dem Geographen Mercator, der im Auftrag Karls V. ab 1541 Globen fertigte, ein Saal gewidmet.

## **Mechelen

Die beschauliche Stadt **Mechelen** (frz. *Malines;* 80 000 Einw.), an der Dyle gelegen und seit Mitte des 16. Jhs. Sitz des belgischen Erzbistums, hat eine bewegte Vergangenheit. Ihre Blüte erlebte sie unter der Tante und Statthalterin Karls V., Margarethe von Österreich. An ihrem Hof verkehrten u. a. Erasmus von Rotterdam, Thomas Morus und Albrecht Dürer. 1572 brannten die Spanier die Stadt nieder.

Mittelpunkt ist der **Grote Markt** mit der Statue der Margarethe von Österreich vor der markanten Fassade des **Rathauses.** Das gotische Palais, dessen fein gegliederte Fassade erst im 19. Jh. nach alten Plänen fertig gestellt wurde, und die massive einstige Tuchhalle vervollständigen das Ensemble. Der 97 m hohe Turm der gotischen **St-Romboutskathedraal** wurde an der Wende vom 13. zum 14. Jh. mit 167 m als höchstes Wahrzeichen der Christenheit geplant, doch kamen die Bauarbeiten vorzeitig zum Erliegen. Im weitgehend barocken Innenraum mit sieben Chorkapellen verdient eine Darstellung der Kreuzigung von van Dyck im rechten Querschiff besondere Beachtung.

Die Besichtigung der **St-Janskerk** mit der barocken Ausstattung lohnt allein wegen des Hochaltartriptychons „Anbetung der Könige" von Rubens. Das **Brüsseler Tor** (14. Jh.) ist der verbliebene Rest der Stadtbefestigung, das als Vorbild für das Holstentor in Lübeck diente. Mechelen ist Zentrum der Glockenspielkunst, hier existiert die

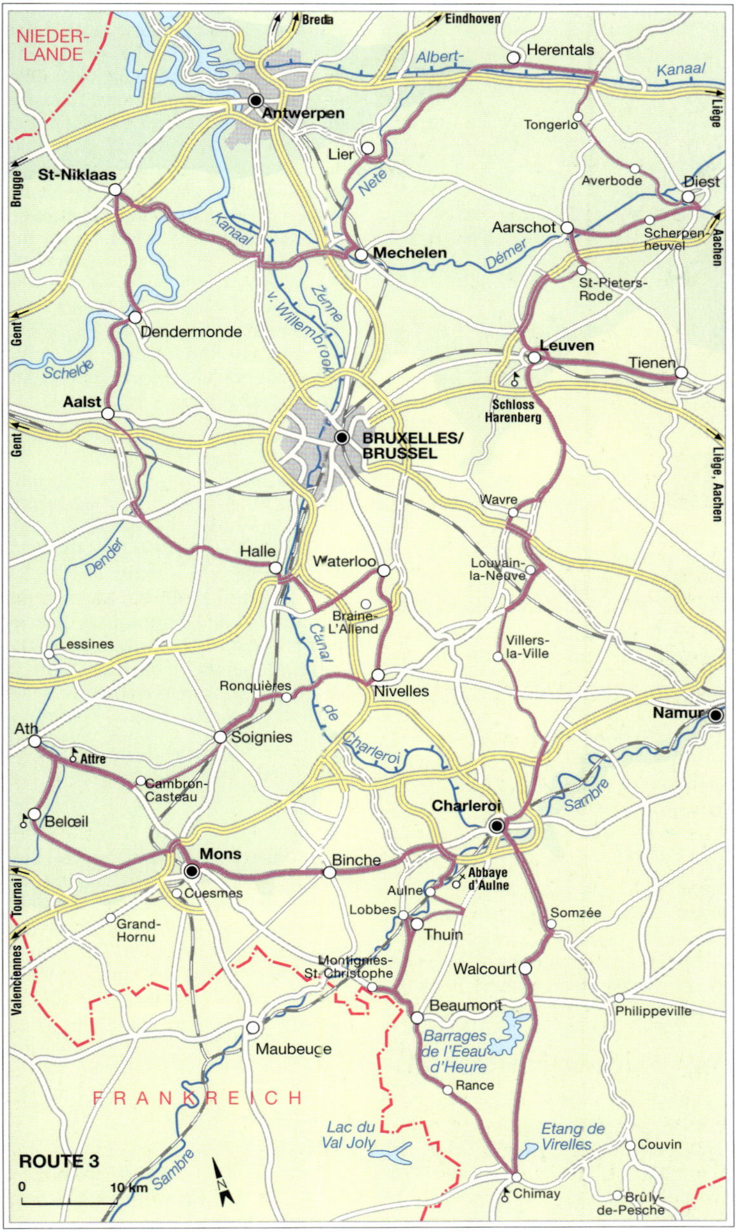
NIEDER-
LANDE
Breda
Eindhoven
Albert-
Kanaal
Herentals
Antwerpen
Tongerlo
Liège
Lier
Nete
St-Niklaas
Brugge
Averbode
Diest
Aarschot
Scherpen-
heuvel
Kanaal
Mechelen
Démer
Aachen
St-Pieters-
Rode
Zenne
v. Willembroek
Dendermonde
Gent
Schelde
Leuven
Tienen
Schloss
Harenberg
Aalst
Gent
BRUXELLES/
BRUSSEL
Liège, Aachen
Wavre
Dender
Halle
Waterloo
Louvain-
la-Neuve
Braine-
L'Allend
Canal
Lessines
Villers-
la-Ville
Ronquières
Nivelles
de
Namur
Ath
Soignies
Charleroi
Attre
Cambron-
Casteau
Sambre
Charleroi
Belœil
Mons
Binche
Abbaye
d'Aulne
Tournai
Cuesmes
Aulne
Lobbes
Grand-
Hornu
Thuin
Somzée
Valenciennes
Montignies-
St. Christophe
Walcourt
Beaumont
Philippeville
Maubeuge
Barrages
de l'Eeau
d'Heure
Rance
FRANKREICH
Lac du
Val Joly
Etang de
Virelles
Couvin
ROUTE 3
Sambre
0
10 km
N
Chimay
Brûly-
de-Pesche

3

Seite
73

3

Seite 73

### Glockenspielkonzerte

In Mechelen: St-Romboutskathedraal: zwei Glockenspiele mit je 49 Glocken: Mo und Sa 11.30, So 15 Uhr, während der Saison auch Mo 20.30 Uhr.

Hof van Busleyden: Mo, Sa 11 bis 12 Uhr, So 15–16 Uhr, Juni bis Mitte Sept. auch 20.30 Uhr.

einzige Glockenspielerschule des Landes. Im *Hof van Busleyden* steht eines der vier „Beiaards" der Stadt, ein Spiel mit 49 Glocken, auf dem regelmäßig Konzerte gegeben werden.

i Stadhuis, Grote Markt, 2800 Mechelen, ☎ 0 15/29 76 55, FAX 29 76 53.

**Alfa Alba,** Korenmarkt 24, ☎ 42 03 03, FAX 42 37 88. Bequeme Unterkunft, etwas außerhalb des Zentrums. $$
**Egmont,** Oude Brusselsestraat 50, ☎ 42 13 99, FAX 41 34 98. Angenehm familiär. $

**D'Hoog,** Grote Markt 19, ☎ 21 75 53. Beste Adresse, unbedingt reservieren. $$$
**Convent,** Nonnenstraat 40, ☎ 20 01 86. Stimmungsvoll in einem alten Bürgerhaus. $$

**Tipp** Bei der traditionellen **Hanswijk-Prozession** am Sonntag vor Himmelfahrt, bei der eine wundertätige Marienstatue durch Mechelen getragen wird, vermischen sich religiöse und tagesaktuelle Aspekte.

## Von **Lier nach Herentals

Als „die hübscheste Stadt Belgiens" beschreibt Felix Timmermans (1866 bis 1947) seinen Geburtsort ** **Lier** (frz. *Lierre;* 31 000 Einw.) am Lauf der Nete. Urkundlich erstmals im 7. Jh. erwähnt, wurden Lier 1212 die Stadtrechte zuerkannt. Am *Grote Markt* mit seinen Zunfthäusern wird die elegante Rokokofassade des *Rathauses* vom gotischen *Belfried,* dem Rest der ehemaligen Tuchhalle, überragt. Die spätgotische *St-Gommaruskerk* fällt durch ihren mächtigen viereckigen Turm – ebenfalls mit Glockenspiel – auf. Zu den sehenswerten Teilen der Innenausstattung gehören die Apostelfiguren an den Rundpfeilern, im Chor der dreibogige Lettner im Flamboyantstil und die Fenster, deren Bildzyklus die Verehrung des hl. Gommarus durch die Herrscherfamilie darstellt. Das Triptychon (hl. Franziskus und hl. Klara) in der ersten Kapelle des Chorumgangs wird Rubens zugeschrieben.

Gegenüber steht das älteste Bauwerk der Stadt, die frühromanische *St-Pieters-Kapelle.* Am anderen Flussufer fällt der Blick auf den *Zimmerturm (Zimmertoren).* In diesem Turm, einst Teil der mittelalterlichen Stadtbefestigung, mit der astronomischen Uhr an der Außenfront wurde ein Museum mit Werkstücken des Uhrmachers Ludwig Zimmer (1888–1970) eingerichtet. Der älteste * *Begijnhof* Flanderns liegt in der Nähe vom Zimmerplein hinter einem monumentalen Barockportal.

Durch die idyllische Landschaft zwischen Nete und Albertkanal geht es durch das von Jacques Brel kraftvoll besungene „plat pays" (flache Land).

**Herentals** (24 200 Einw.) ist ein Provinzstädtchen mit zwei Stadttoren (14. Jh.) und der gotischen *St-Waldetrudiskerk* mit viereckigem Turm und romanischem Taufbecken. Der *Begijnhof* wurde während der Religionskriege zerstört; seine wieder errichteten Häuschen stehen im Schatten einer kleinen gotischen Kirche. Auf dem Rückweg nach Diest bieten sich noch Besuche in den Prämonstratenserabteien von **Tongerlo** und **Averbode** an.

*Unter der Statthalterin Margarethe von Österreich erlebte Mechelen seine Blütezeit*

# Route 4

## Spuren von Handel und Kriegen

****Tournai – *Kortrijk – *Ieper – *Veurne – *Oudenaarde (334 km)**

**Die großen Städte wie Gent und Brügge meidend, bietet diese Rundfahrt dennoch mehr als genug Gelegenheit, die bedeutenden Kunstschätze des Landes zu genießen: Tournai und Oudenaarde sind an erster Stelle zu nennen. Aus den hügeligen Flämischen Ardennen fährt man in das platte, fruchtbare Land Westflanderns mit den üppig grünen Wiesen, die sich bis zum Dünengürtel der Nordseeküste hinziehen. Nach der Betriebsamkeit des langen Strandes wartet das Hinterland dann wieder mit ruhigen, idyllischen Kleinstädten und Dörfern, Einzelgehöften und manchmal einer Windmühle auf – eine interessante Tour, die mit der reichen Geschichte des Landes bekannt macht.**

4

Seite 81

## Von der Schelde nach Westflandern

### **Tournai

Neben Tongeren (s. S. 52) ist Tournai (fläm. *Doornik;* 67 000 Einw.) die älteste Stadt Belgiens. Der ruhige, bürgerliche Ort über der Schelde, Mittelpunkt eines von der Landwirtschaft geprägten Gebietes, genießt zudem den Ruf einer bedeutenden Kunststadt. Ihre Keimzelle war die römische Straßenstation Turnacum an der Heer- und Handelsstraße zwischen Köln und dem Ärmelkanal. Schon zu jener Zeit lieferten die Weber von Tournai Stoffe für die Cäsaren. Bereits im 3. Jh. christianisiert, wurde die Tournai unter den Merowingern erste Hauptstadt ihres Frankenreiches; Chlodwig, der 465 in Tournai geboren wurde, erhob sie zum Bischofssitz. Der aufblühende Tuchhandel und der Export des feinen graublauen Sandsteins lösten im 12. und 13. Jh. eine rege Bautätigkeit der vermögenden Bürgerschicht aus. Damals wurde auch der Grundstein zu der mächtigen Kathedrale gelegt, deren fünf Türme weithin sichtbar die Silhouette prägen. Mehrmals wechselte Tournai in den folgenden Jahrhunderten zwischen Frankreich und Flandern und wurde immer wieder in Kriegshändel verstrickt, doch die schon im 16. Jh. berühmten Tapisserien verhalfen der Stadt zusammen mit der Kupfer- und Messingschmiedekunst und später auch der Porzellanherstellung immer wieder zur Blüte. Ein Luftangriff im Mai 1940, bei dem fast nur die Kathedrale verschont blieb, bedeutete beinahe den Untergang der Stadt. Doch ein sorgfältiger Wiederaufbau macht Tournai erneut zu einer der bedeutendsten Kunststädte des Landes.

Mittelpunkt der Stadt ist die dreieckige ****Grand' Place** mit prächtigen Bürgerhäusern aus Gotik und Renaissance. Das Denkmal auf dem Platz erinnert an Christine de Lalaing, die während der Religionskriege die Verteidigung der kalvinistischen Stadt gegen den 1581 anrückenden Alexander Farnese mit seinen 55 000 Soldaten leitete. Im Keller der ehemaligen **Halle aux Draps** (*Tuchhalle;* 1610) wurde beim Wiederaufbau eine romanische Krypta freigelegt. Zu den weiteren Sehenswürdigkeiten gehören an der Schmalseite die **Eglise St-Quentin** aus dem 13. Jh. und der 72 m hohe frei stehende **Belfried.** Er gilt als der älteste seiner Art in Nordeuropa und besitzt ein Glockenspiel mit 43 Glocken.

Zur Zeit des Übergangs von der Romanik zur Gotik entstand die majestätische fünftürmige ****Cathédrale Notre-Dame** aus dem feinkörnigen blaugrauen Tournaiser Kalkstein. Nachdem die Romanik mit dem Kirchenschiff, den beiden Osttürmen und dem Vierungsturm einen bedeutenden Beitrag leistete, ist der Hochchor mit seinen ungewöhnlichen Ausmaßen (58 m Länge und 47 m Höhe) das Meisterwerk der Gotik in Belgien. Zu den kunsthistorischen Kostbarkeiten zählen unter anderem die romanischen Skulpturen am Nordportal, der sog. *Porte Mantile.*

Der spätromanischen Westfassade mit vorgesetztem Portikus (16. Jh.) wurde erst im 19. Jh. eine viel zu große Fensterrose eingefügt. Überwältigend sind die Ausmaße des Innenraums: 134 m lang, 66 m breit, 33 m hoch; der gotische Chor ist fast ebenso lang wie das Langschiff. Ein reich dekorierter Renaissancelettner von Floris de Vriendt trennt die beiden Bauteile. Der überaus differenziert gestaltete Bildschmuck der Kapitelle und Säulenbasen, gotische Grabsteine, Fresken und wertvolle Glasfenster im Querschiff sowie Gemälde von Rubens und Jordaens ergänzen die wertvolle Ausstattung.

Der reiche *Kirchenschatz (Trésor)* birgt als kostbarste Stücke eine Elfenbeinmadonna (13. Jh.), ein byzantinisches Reliquienkreuz (6. Jh.), den silbervergoldeten Marienschrein von Nicolas de Verdun (1205) und den Schrein des hl. Eleutherius (1247).

Im **Musée des Beaux-Arts,** einem der reichsten Kunstmuseen des Landes, das in einem sternförmigen Jugendstilbau von Victor Horta untergebracht ist, sind Gemälde von Rogier van der Weyden, Gossaert, der Familie Brueghel, Jordaens, James Ensor und van Gogh sowie Skizzen von Rubens und Manet zu sehen.

Der Teppichwebkunst ist das **Musée de la Tapisserie** gewidmet. Von der Brücke des *Boulevard Delwart* bietet sich ein weiter Blick auf den **Pont des Trous** und die Kathedrale. Am anderen Ufer der

Die Windmühle von Damme

Die fünftürmige Kathedrale Notre-Dame von Tournai

Begijnhof St. Elisabeth in Kortrijk

4

Seite 81

Schelde steht an der Rue du Rempart ein massiver Rundturm, die **Tour Henri VIII** (16. Jh.; kleines Militärmuseum), die Heinrich VIII. von England im Rahmen der Ausbauarbeiten des Befestigungringes anlegen ließ.

Nahe der romanischen **Eglise St-Brice** mit dem Grab von Childerich fallen in der Rue Barre St-Brice zwei Häuser auf, die als die ältesten europäischen Bürgerhäuser gelten (Nr. 10 und Nr. 12). Sie stammen aus dem 12. Jh.

14, Vieux Marché-aux-Poteries, 7500 Tournai, ☎ 0 69/22 20 45, Fax 21 62 21.

**Cathédrale,** Place St-Pierre, ☎ 21 50 77, Fax 21 50 78. Gut ausgestattet, nahe der Kathedrale. [$$]
**L'Europe,** 36, Grand' Place, ☎ 22 40 67, Fax 23 52 38. Kleines, einfaches Haus im Zentrum. [$]

**Le Pressoir,** 2, Vieux Marché-aux-Poteries, ☎ 22 35 13. Gehobenes Restaurant in einem schönen, alten Bürgerhaus. [$$$]
**Le Pardieu,** 10, rue Sainte-Croix, ☎ 23 27 27. Gemütliche Kneipe mit großer Auswahl an Bieren. [$]

### * Kortrijk

Die lebendige Dienstleistungs- und Industriestadt an der Leie (frz. *Courtrai;* 78 000 Einw.) geht ebenfalls auf eine römische Gründung zurück. Schon im Mittelalter kam die Tuchmacherstadt dank ihrer Damastwebereien zu großem Wohlstand. Als wichtigstes historisches Datum in der Stadtgeschichte gilt die sog. „Schlacht der Goldenen Sporen" (siehe Kasten rechts).

Mitten auf dem **Grote Markt** im geschäftigen Stadtzentrum stehen sich der *Belfried,* ein gotischer Backsteinbau (1300), und das ebenfalls gotische *Rathaus* mit zwei sehr elegant gearbeiteten Kaminen aus der Renaissance gegenüber. Ein Blickfang etwas abseits des Grote Markt ist die gotische **Sint-Maartenskerk** mit mächtigem Westturm. Unweit davon, an der Begijnhofstraat, liegt der romantische, schon im 13. Jh. gegründete **Begijnhof,** etwas weiter die **Onze-Lieve-Vrouwekerk** aus dem gleichen Jahrhundert, hinter deren abweisend wirkender Fassade sich exquisite Kunstwerke verbergen: rechts vom Chor die Kapelle der Grafen von Flandern mit der außerordentlich fein gearbeiteten Alabasterstatue der hl. Katharina, im linken Querschiff ein Gemälde („Kreuzaufrichtung", 1631) von van Dyck. Die beiden mächtigen **Broeltoren** an der Leie sind Reste der burgundischen Befestigungsanlage.

Schouwburgplein 14 a, 8500 Kortrijk, ☎ 0 56/23 93 71, Fax 23 90 03.

**Broel,** Broelkaai 8, ☎ 21 83 51, Fax 20 03 02. Altes Haus im Zentrum. [$$$]
**Groeninge,** Groeningestraat 1a, ☎ 22 60 00, Fax 20 01 88. [$$]

**Filip Bogaert,** Minister Tacklaan 5, ☎ 20 30 34. Eines der besten Restaurants in Westflandern mit französischer Küche. [$$$]

## Über Ieper zur Nordsee

Durch das flache grüne Land unter dem hohen Himmel geht es weiter Richtung Ieper. Immer wieder stehen am Straßenrand Hinweisschilder auf Soldatenfriedhöfe der unterschiedlichen Nationen: Im Ersten Weltkrieg war diese so friedlich erscheinende Gegend Austragungsort blutiger Schlachten, bei denen Hunderttausende Belgier, Franzosen, Briten, Amerikaner und Deutsche starben.

### * Ieper

Am meisten unter dem grausamen Stellungskrieg gelitten hat Ieper (frz. *Ypres;* 34 700 Einw.). Im 13. Jh. eine der mächtigsten Städte Belgiens, wurde sie zwischen 1914 und 1918 fast völlig

4
Seite 81

zerstört und musste später nach Originalplänen wieder aufgebaut werden.

Am *Grote Markt* beeindruckt die 132 m lange frühgotische Sandsteinfassade der ****Tuchhalle,** die vom mächtigen **Belfried** (70 m) überragt wird. Rechts neben der Tuchhalle bleibt der Blick am Anbau mit der eleganten Renaissancefassade, dem sogenannten **Nieuwerk** (17. Jh.), hängen, der heute als Rathaus genutzt wird. Hier ist auch das *Herinneringsmuseum,* das „Erinnerungsmuseum", mit einer Dokumentation der Schlachten während des Ersten Weltkriegs untergebracht. Die frühgotische **St.-Maartenskathedraal** birgt das

Am Grote Markt in Veurne



Seite 81

## Die Schlacht der Goldenen Sporen

Während man auf dem Weg zur Küste nicht umhin kann, die ausgedehnten Gräberfelder des Ersten Weltkriegs zu bemerken, erinnern sich die Flamen in Kortrijk an ein anderes, viel weiter zurückliegendes Gefecht, das am 11. Juli 1302 stattfand.

Damals war ein französisches Ritterheer unter der Führung von Robert von Artois gegen Flandern gezogen, um das blühende Land dem französischen Königreich einzuverleiben. Doch die selbstbewussten Bürger wehrten sich erbittert. Aus Ieper, Gent und Brügge sammelten sich die empörten Handwerker und zogen dem Reiterheer entgegen. Auf dem Groeningeveld, etwas außerhalb der Stadt Kortrijk, kam es schließlich zum Kampf. Die Flamen – in erster Linie Weber und Metzger –, die nur mit ihren Spießen und Steinschleudern ausgerüstet waren, hatten das Schlachtfeld klug gewählt, denn in dem holprigen, grabendurchzogenen Gelände kamen die Pferde ständig ins Stolpern, stürzten und warfen die unbeweglichen, in schweren Rüstungen steckenden Franzosen ab. Trotz der großen Übermacht des Feindes trugen die Flamen den Sieg davon. Zum ersten Mal in der Geschichte war ein Ritterheer von Fußtruppen überwältigt worden. Und diese kosteten ihren Triumph weidlich aus: Wer in den Tagen danach auch nur in Verdacht stand, ein Franzose zu sein, wurde aufgefordert, die flämische Losung zu sagen: „Schild en Vriend" – ein harter Gutturallaut, der nur Einheimischen gelingt.

Nicht zufällig ist gerade dieses Ereignis bis heute ein Angelpunkt flämischen Selbstbewusstseins. Denn als in der ersten Hälfte des 19. Jhs. Wissenschaftler und Künstler sich um die Wiederbelebung der flämischen Sprache und Kultur bemühten, verfasste Hendrik Conscience, einer ihrer glühendsten Vertreter, das Buch „Der Löwe von Flandern", in dem diese Schlacht in epischer Breite beschrieben wird. Buch und Autor wurden zu Symbolen des neuen flämischen Behauptungswillens, der flandrische Löwe prangte auf Fahnen und Plakaten, und die Losung „Schild en Vriend" wurde zum Schlagwort. Heute ist sie allerdings zum Programm der militanten flämischen Ultrarechten verkommen, die ihren dumpfen Nationalismus mit historischem Zierrat verbrämen will.

Grab von Cornelius Jansen (1585 bis 1638), Bischof von Ieper und Begründer des Jansenismus, einer religiös-sittlichen Reformbewegung, die in Frankreich und in den Niederlanden eine gewisse Verbreitung fand.

Tipp Seit 926 feiert man in Ieper im dreijährigen Turnus das **Katzenfest.** Dabei wurden früher lebendige Katzen als Symbole des Teufels vom Belfried geworfen. Heute erfüllen Plüschtiere diesen Zweck. Nächster Termin: zweiter Sonntag im Mai 2000.

### *Veurne

4

Seite 81

Kurz vor der Nordseeküste gehört Veurne (frz. *Furnes;* 11 500 Einw.) zu den hübschesten Kleinstädten Flanderns. Im Gegensatz zu Ieper wurde sie während des Ersten Weltkriegs kaum in Mitleidenschaft gezogen. Die Belgier hatten nämlich als letztes verzweifeltes Mittel gegen die anrückende deutsche Armee die Schleuse von Nieuwpoort gesprengt und damit einen beträchtlichen Teil Westflanderns unter Wasser gesetzt. Veurne aber lag jenseits dieser „Wanne" aus Schlamm und Morast, und „Bachten de Kupe" („Hinter der Wanne") nennt sich der Landstrich noch heute.

Der *Grote Markt* mit seinen zweistöckigen Giebelhäusern im Stil der flämischen Renaissance wirkt gemütlich. Doppelgiebelfront, Treppenturm und Loggia sind die auffälligen Kennzeichen des **Stadhuis.** Im Inneren hängen kostbare Ledertapeten aus Cordoba und Mechelen. An der Ecke Grote Markt/Ooststraat ragt der etwas düstere **Spanische Pavillon** auf, ein mächtiger, festungsartiger Bau, der im 17. Jh. den Besatzern als Stabsquartier diente. Die **Alte Fleischhalle** wird heute als Stadtbibliothek genutzt. Das Haus der Stadtwache lockert den Platz mit seinen hübschen Arkaden auf. Das Ensemble wird beherrscht vom Backsteinturm (13. Jh.) der **St.-Niklaaskerk** am *Appelmarkt.* Die **St.-Walburgakerk** hinter dem Rathaus blieb trotz jahrhundertelanger Bauzeit unvollendet. Nur der Chor mit Umgang und Kapellenkranz kann heute benutzt werden, der Portalbau steht als Symbol des Scheiterns nutzlos einige Meter seitab. Hier beginn alljährlich (letzter Sonntag im Juli) das eindruckvolle Schauspiel der Büßerprozession.

i **Dienst voor Toerisme,** Grote Markt 29, 8630 Veurne, ☏ 0 58/31 21 54, Fax 31 55 93.

## Entlang der Nordseeküste

Von Veurne ist es nicht mehr weit bis zur Nordseeküste, an der sich über eine Länge von 67 km die Badeorte aneinander reihen. Ein breiter Sandstrand, angenehme Temperaturen, unzählige Hotels, Pensionen, Campingplätze, Restaurants und Strandcafés, ein großes Freizeit- und Unterhaltungsangebot sowie ein Netz von Wanderwegen im breiten Dünengürtel machen aus diesem Streifen Land ein erholsames Feriengebiet. Eine Straßenbahn fährt die gesamte Strecke von Oostende bis De Panne ab. Überlaufene Städtchen mit Hotelburgen und einem riesigen Freizeitangebot wie **Blankenberge** und **Middelkerke** wechseln sich ab mit ruhigen Ferienorten mit hübschen Villen wie **Bredene, De Haan** und **Wenduine.** Die Attraktion von **De Panne** (9 500 Einw.) nahe der französischen Grenze sind die Strandsegler.

### Von Oostende nach Knokke-Heist

Oostende (wallon. *Ostende;* 71 500 Einw.) besitzt einen Fischerei-, Passagier- und Handelshafen. Viele Fähren nach Großbritannien legen hier ab. In den Straßen herrscht ein unsägliches Verkehrschaos. Zu den touristischen Attraktionen zählt der *Visserskaai* (Fisch- und Krabbenauktion) mit vielen Restaurants und Fischständen, dem **Nordsee-Aquarium** *(Noordzeeaquarium)* und dem **Dreimaster Mercator** *(Schifffahrtsmuseum).* James Sydney Ensor (1860–1949), einer der Wegbereiter des Expressionismus und Surrealismus, stammt aus Oostende und lebte größtenteils in dem heute nach ihm benannten **Ensor-Haus.**

**i** **Toerisme Oostende,** Monacoplein 2, 8400 Oostende, ☏ 0 59/70 11, FAX 70 34 77.

**Knokke-Heist** (30 000 Einw.), das berühmteste und mondäne Seebad Belgiens mit dem von Magritte ausgemalten Kasino und einem Golfplatz, besitzt mit * *Het Zwin* (125 ha) ein einzigartiges Vogelschutzgebiet.

## Durchs flache Land

### Von Damme nach Sint-Martens-Latem

Die Stadt Damme nahm einst eine Schlüsselstellung als Außenhafen für Brügge ein. Das gotische *Rathaus*

*Details ausgedienter Windmühlen in Knokke-Heist werden wie Kunstwerke ausgestellt*

4

Seite 31

*(Stadhuis)* am Bilderbuchmarktplatz und die gewaltige, wenn auch zur Hälfte wieder abgerissene *Onze-Lieve-Vrouwekerk* (13. Jh.) legen davon Zeugnis ab. Sehenswert ist das *Tijl Uilenspiegelmuseum*. Till Eulenspiegel, eigentlich ein Volksheld im Kampf gegen die spanische Besatzungsmacht, ist Flanderns Nationalheld.

Charles de Costers Schelmenroman **Tijl Uilenspiegel und Lamme Goedzak** ist in einer neuen deutschen Übersetzung in der Edition Kur-Cöln, Arnsberg, erschienen.

Auf dem romantischen Napoleon-Kanal verkehren Ausflugsdampfer nach Sluis.

4

Seite 81

**Sint-Martens-Latem** (7 600 Einw.) ist ein eleganter Villenvorort Gents an der Leie (Bootsfahrten). In der zauberhaften Flusslandschaft mit einer dekorativen alten Windmühle (15. Jh.) ließen sich um den Bildhauer Georg Minne (1866–1941) und den Maler Constant Permeke (1886–1952) eine Reihe von Künstlern aus dem Kreis der flämischen Expressionisten nieder und gründeten eine Künstlerkolonie. Einige ihrer Werke kann man im *Museum van Deinze en Leiestreek* in **Deinze** besichtigen.

### Von * Oudenaarde nach Geraardsbergen

Das Städtchen **Oudenaarde** (frz. *Audenarde;* 27 000 Einw.), 334 km, liegt an der Schelde. Vom 15. bis 17. Jh. waren seine „Verduren“, Tapisserien mit Landschaftsszenen in grünblauen Tönen, in ganz Europa begehrt. Einige Prachtexemplare hängen im Rathaus. Noch heute spielt die Textilindustrie eine wichtige Rolle. In die Geschichtsbücher ging die Stadt aber auch durch die Affäre Karls V. mit der Bürgertochter Jeanne van den Geenst im Jahr 1521 ein. Aus dieser Verbindung stammte Margarethe von Parma, Statthalterin der Niederlande (1559 bis 1568). Ihr Haus steht am *Grote Markt* neben dem *Balduinsturm* (11. Jh.), dem Mittelpunkt des historischen Stadtkerns. Alles beherrschendes Bauwerk des Platzes ist das hochgotische *Stadhuis* mit dem harmonisch in die Fassade eingefügten *Belfried* und dem vergoldeten Wahrzeichen der Stadt „Hanske 't Krijgerke“ auf dem First. An der Rückfront des Rathauses steht die ehemalige *Tuchhalle* (13. Jh.).

Etwas abseits (westlich) des Grote Markt erhebt sich die spätgotische *St.-Walburgakerk,* deren 88 m hoher, nie vollendeter Turm weithin sichtbar das Stadtbild prägt. Auch hier ein *Beginenhof* mit einer schlichten Kapelle.

Am jenseitigen Flussufer liegt *Onze-Lieve-Vrouw-van-Pamele,* eines der Meisterwerke der Scheldegotik.

Stadhuis, Markt,
9700 Oudenaarde,
☎ 0 55/31 72 51, FAX 33 00 48.

**Ronse** (frz. *Renaix;* 26 000 Einw.), eine kleine Industriestadt, erreicht man durch das sanfte Hügelland der flämischen Ardennen. Von Bedeutung ist die gotische *St.-Hermes-Kollegiaal.* Die romanische Krypta mit ihren 32 Säulen wird häufig mit einer unterirdischen Moschee verglichen.

**Geraardsbergen** (frz. *Grammont;* 30 500 Einw.) ist der letzte Punkt auf dieser Rundtour durch das „flache Land“. Das romantische Städtchen liegt auf einem Hügel an der Dender, nahe der französischen Sprachgrenze.

Der *Oudenberg* ist alljährlich am letzten Sonntag im Februar Ausgangspunkt des *Krakelingenworp.* Im Verlauf dieses Volksfestes werden zentnerweise Kekse in die Menge geworfen. Mit Einbruch der Dunkelheit findet dann noch *Tonnekenbrand* statt, wobei man in Tonnen ein Feuer entzündet. Beide Bräuche dürften auf heidnische Ursprünge zurückgehen. Zu den Sehenswürdigkeiten am *Grote Markt* zählen die Bartholomäuskirche aus dem 15. Jh., das Rathaus aus dem 14. Jh., das im 19. Jh. im Rokokostil renoviert wurde, sowie die älteste Plastik des „Manneken Pis“.

# Luxemburg

**Wer ein paar Tage fernab vom täglichen Getriebe verbringen möchte, ohne gleich „aus der Welt" zu sein, wer die ländliche Idylle liebt, aber nicht auf kulturelle Genüsse verzichten will, wer den Frieden einer Kleinstadt sucht, zugleich aber internationales Flair zu schätzen weiß – der sollte nach Luxemburg fahren. Das Land ist wie geschaffen für einen erlebnisreichen Kurzurlaub, den man mit Wandern, Bummeln und Schlendern gestalten kann.**

*Postmoderne Architektur am Boulevard Royal*

Das Großherzogtum Luxemburg (2 587 km$^2$; frz. *Grand Duché de Luxembourg)* erreicht mit etwa 400 000 Einwohnern nicht einmal das Maß einer mittleren Großstadt. Internationale Bedeutung gewann das kleinste Mitgliedsland der EU durch die in seiner Hauptstadt konzentrierten europäischen Institutionen und als internationales Bankenzentrum. Zwischen den Nachbarn Frankreich, Deutschland und Belgien hat Luxemburg als Vermittler zwischen romanischem und germanischem Kulturraum seine eigene Identität bewahrt. Dazu gehört auch die Sprache. „Lëtzebürgesch", ein moselfränkischer Dialekt, wird nicht ganz ohne Stolz gesprochen. Dass daneben die Amtssprache Französisch ebenso wie Deutsch völlig selbstverständlich benutzt werden, kennzeichnet die Luxemburger als „gute Europäer". Auch die Tatsache, dass etwa ein Viertel der Gesamtbevölkerung Ausländer sind, passt in das Bild einer Gesellschaft, die Liberalität und Weltoffenheit mit einer eher beschaulich-provinziellen Lebensart verbindet.

*Die Kathedrale Notre-Dame*

*Luxemburg-Stadt mit dem Eisenbahnviadukt in der Unterstadt*

# ** Luxemburg-Stadt

Seite 87

**Das kleine, starke Herz Europas**

**In Luxemburg (frz. *Luxembourg*), der Haupt- und Residenzstadt des Großherzogtums, lebt etwa ein Drittel der Bevölkerung des Landes (mit Vororten ca. 135000 Einw.). Neben allen landesinternen Regierungs- und Verwaltungsorganen sind in Luxemburg auch bedeutende EU-Behörden (u. a. der Rechnungshof, die Europäische Investitionsbank und der Europäische Gerichtshof) ansässig. Die große Zahl der hier niedergelassenen ausländischen Banken – eine Folge der Steuer- und Zinspolitik – und der Rundfunk- und Fernsehsender RTL sowie die Bodenstation des TV-Satelliten Astra sind weitere Wirtschaftsfaktoren der Stadt.**

## Geschichte

Bereits in kelto-romanischer Zeit begünstigte die strategisch hervorragende Lage die sporadische Besiedelung des Ortes, der spätestens seit dem Jahr 936 kontinuierlich bewohnt ist. Damals erwarb Graf Siegfried das Kastell Lucilinburhuc (später Lützelburg, „kleine Burg"), das an der Stelle des ehemaligen Fischmarkts *(Place du Marché)* stand, einem Kreuzungspunkt alter Römerstraßen. Auf dem „Bock", einem Felssporn über dem Tal der Alzette, ließ Siegfried eine erste Burg errichten, die Ausgangspunkt der mittelalterlichen Stadtentwicklung und Stammhaus der Grafen von Luxemburg wurde. Den Höhepunkt seiner Macht erlebte das Grafengeschlecht im 14. und 15. Jh., als es, inzwischen in den Herzogstand erhoben, vier deutsche Kaiser und Könige stellte. Mit dem Niedergang des Luxemburger Adelsgeschlechts begann eine lange Phase ständig wechselnder Fremdherrschaft. Immer standen militärstrategische Interessen im Vordergrund, sodass die Burg auf dem Bockfelsen ständig erweitert wurde und den Beinamen „Gibraltar des Nordens" erhielt. Obwohl Vauban, der Festungsbaumeister des Sonnenkönigs Louis XIV, sie hundert Jahre zuvor zu einem uneinnehmbaren Bollwerk ausgebaut hatte, mussten die Österreicher nach einer sieben Monate dauernden Hungerblockade (1795) vor den französischen Revolutionstruppen kapitulieren. 1839 wurde im Londoner Vertrag Luxemburgs staatliche Souveränität anerkannt, 1867 seine Neutralität garantiert und die Schleifung aller Befestigungswerke beschlossen. Erst jetzt konnte sich die nur 8 000 Einwohner zählende Stadt in Ruhe zum Mittelpunkt des kleinen Landes entwickeln. Das Aufblühen der Stahlindustrie im Süden des Landes brachte Geld in die Hauptstadt. Großzügig wurden neue Stadtviertel angelegt. In beiden Weltkriegen besetzten deutsche Truppen Stadt und Land. Nach den verheerenden Folgen der Ardennenoffensive 1944–1945 begann nach Kriegsende umgehend der Wiederaufbau.

### Auf nach Europa

1948 gab Luxemburg seine Neutralität auf und entschied sich für eine aktive Rolle in der europäischen Integrationspolitik. 1949 wurde es Mitglied der NATO und verband sich mit den Niederlanden und Belgien zur Zoll- und Wirtschaftsunion „BeNeLux". Das Land wurde 1951 Sitz der Montanunion und trat 1964 der EWG bei. 1966 folgte die Einweihung des Europäischen Zentrums, und 1995 war Luxemburg „Europäische Kulturhauptstadt".

## Sehenswürdigkeiten

Die *Oberstadt* innerhalb des alten Befestigungsrings wird im Süden und Westen von den Tälern der Pétrusse und Alzette, im Norden und Osten durch den *Stadtpark* begrenzt.

Als Ausgangspunkt des Stadtrundgangs eignet sich die zentral gelegene

**Place de la Constitution ❶.** Im Volksmund heißt der Platz der Verfassung, so die Übersetzung, „Gëlle Fra", also „Goldene Frau", was sich auf die Siegesgöttin an der Spitze des Ehrenmals für die luxemburgische Freiwilligenkompanie im Ersten Weltkrieg bezieht. An dem Platz liegt der Zugang zu den *Casemates de la Pétrusse*. Das unterirdische Befestigungssystem mit 54 Geschützständen, einem Labyrinth von Gängen und Treppen, wurde ab 1644 von den spanischen und österreichischen Besatzungstruppen in den Fels gesprengt (🕓 Ostern, Pfingsten und 1. Juli bis 31. Sept. tgl. 11–16 Uhr; geführter Rundgang).

Nordeingang von Notre-Dame

Seite 37

Der Blick in die Parkanlagen im Tal der Pétrusse, die über einen Treppenweg zu erreichen sind, wird vom *Pont Adolphe* (1900) und dem alten *Viadukt* (1859) mit seiner harmonischen Bogenarchitektur eingerahmt. Beide Brücken führen ins lebhafte **Bahnhofsviertel ❷** mit seinen protzigen Verwaltungsbauten, wobei die Gründerzeitgebäude des Arbed-Stahlkonzerns und der Staatssparkasse, aber auch der Bahnhof mit seinem markanten Turm zu den architektonisch interessantesten gehören.

An der Place d'Armes

**Cathédrale Notre-Dame ❸.** Auffallendster Schmuck der einfachen Nordfassade der Liebfrauenkathedrale (17. Jh.), die in der engen Straße kaum Wirkung entfalten kann, ist das frühbarocke Eingangsportal. Zu den sehenswerten Details der barocken Innenausstattung gehört die reiche, mit maurischen Stilelementen durchsetzte Empore. Erst in den 30er-Jahren dieses Jahrhunderts wurde der Südteil der Kirche angebaut. Dort befindet sich auch das *Gnadenbild* der Landespatronin „Trösterin der Betrübten" (Großwallfahrt alljährlich in der dritten und vierten Woche nach Ostern). Zwei Bronzelöwen weisen den Eingang zur *Krypta* der Großherzöge.

Die Unterstadt

Seite 87

Neben der Kirche, im Gebäude des ehemaligen **Jesuitenkollegs** ❹, einem dreiflügeligen Renaissancebau, ist die Nationalbibliothek untergebracht.

Auf der anderen Seite steht das alte **Refugium der Trierer St-Maximin-Abtei** ❺. Der mächtige Natursteinbau wurde 1751 erbaut und ist heute Sitz des Außenministeriums.

Die Einkaufsstraße Rue du Fosse führt zur **Place Guillaume II** ❻, auch *Knuedeler* genannt. Das Wort bezeichnet den Knotengürtel der Franziskanermönche, deren Abtei bis zum 19. Jh. an diesem Platz stand. In der Platzmitte erhebt sich heute das Reiterstandbild Wilhelms II., der in Personalunion sowohl König der Niederlande als auch Großherzog von Luxemburg war. An der Südseite steht das klassizistische Rathaus. Ein kleiner, mit einem Fuchs bekrönter Brunnen erinnert an Michel Rodange, der Goethes zeitkritisches Epos „Reineke Fuchs" auf Luxemburger Verhältnisse übertrug.

Durch eine Passage kommt man zur **Place d'Armes** *(Paradeplatz)* ❼. Der von Straßencafés und Restaurants umgebene Platz ist Ort zahlreicher kultureller Veranstaltungen und das Zentrum des öffentlichen Lebens. An Sommerabenden finden in dem Pavillon in der Mitte oft Konzerte statt.

Das * **Palais Grand-Ducal** *(Großherzogliches Palais)* ❽ von 1572 ist vielleicht aus kunsthistorischer Sicht der interessanteste Gebäudekomplex des Landes. Von besonderem Reiz ist die restaurierte *Fassade*, an der maurisch-spanische Arabesken eine fast exotische Wirkung entfalten.

Die *Rue de la Boucherie* endet auf dem *Marché aux Poissons*, dem ehemaligen Fischmarkt und historischen Kern der Altstadt. Das nahe **Musée National d'Histoire et d'Art** ❾ zeigt in mehr als 100 Räumen eine Sammlung zur Geschichte und Kultur des Landes.

**St-Michel** *(Michaelskirche)* ❿. An dieser Stelle ließ bereits 987 n. Chr. Graf Siegfried eine Hofkapelle errichten. Nach mehrmaligen Zerstörungen erhielt sie im Zuge umfangreicher Restaurierungen und Umbauten unter anderem ein Renaissanceportal. Zu den barocken Einrichtungsstücken des spätgotischen Innenraums zählt auch die Orgel.

**Le Bock.** Dieser Felsvorsprung mit der Ruine der ersten *Grafenburg* bietet eine schöne Aussicht auf das Tal der Alzette mit den Unterstädten *Grund* und *Pfaffental.*

Die ** **Casemates du Bock** wurden unter der österreichischen Kaiserin Maria Theresia Mitte des 18. Jhs. angelegt. Der halbstündige Spaziergang durch das Labyrinth der Felsgänge und Verteidigungsanlagen ist spannend (🕓 März bis Okt. 10–17 Uhr).

* **Chemin de la Corniche** ⓫. Von diesem Höhenweg bieten sich wiederum abwechslungsreiche Ausblicke ins Tal und auf das gegenüberliegende *Plateau du Rham.*

**Unterstädte Grund und Pfaffental.** Ins enge Tal gezwängt, bilden die alten Häuser ein gut erhaltenes architektonisches Ensemble, das in Teilen noch auf das 14. Jh. zurückgeht. Die Betriebsamkeit der Oberstadt weicht hier einer eher dörflichen Idylle. Anders ist dies allerdings am Abend, denn die zahlreichen Kneipen im Ortsteil Grund erfreuen sich größter Beliebtheit.

Ein lohnendes Ziel für Spaziergänger ist auch der **Stadtpark** im Nordwesten der Oberstadt. Die *Villa Vauban,* ein Herrschaftshaus des 19. Jhs., steht an der Stelle des Fort Vauban und beherbergt das **Musée J.-P. Pescatore** ⓬, benannt nach dem gleichnamigen Bankier, der seine gesamte Gemäldesammlung flämischer und niederländischer Meister des 17.–19. Jhs. der Stadt vermachte.

i **City Tourist Office,**
Place d'Armes,
2011 Luxembourg,
☎ 47 96-27 09.

**Le Royal,** 12, bd. Royal, ☏ 41 61 61, FAX 22 59 48. Fürstlich wohnen am Rand der Innenstadt. $$

**Domus,** 21, av. Victor-Hugo, ☏ 46 78 78, FAX 46 78 79. Solide Unterkunft, 10 Min. zum Zentrum. $

**International,** 20–22, pl. de la Gare, ☏ 48 59 11, FAX 49 32 27. Best-Western-Kette, gegenüber dem Bahnhof. $

**Clairefontaine,** 9, pl. de Clairefontaine, ☏ 46 22 11. Das beste, was Luxemburg zu bieten hat. $$

**Pays,** 20, rue du Curé, ☏ 22 26 18. Fischspezialitäten. $

**Au Quai,** Gare Centrale, 1. Stock, Gemütliche Brasserie mit bester Hausmannskost von Lea Linster. $

**Tipp** 1000 Jahre in 100 Minuten – unter diesem Motto führt der Wenzelrundgang durch die Geschichte Luxemburgs. Treffpunkt auf dem Bockfelsen: von Ostern bis 31. Okt. Sa 15 Uhr. Auskünfte gibt das City Tourist Office.

*Casemates du Bock*

Seite 87

1. Place de la Constitution
2. Bahnhofsviertel
3. Cathédrale Notre-Dame
4. Jesuitenkolleg
5. Refugium der Trierer St-Maximin-Abtei
6. Place Guillaume II
7. Place d'Armes
8. Palais Grand-Ducal
9. Musée National d'Histoire et d'Art
10. St-Michel
11. Chemin de la Corniche
12. Musée J.-P. Pescatore

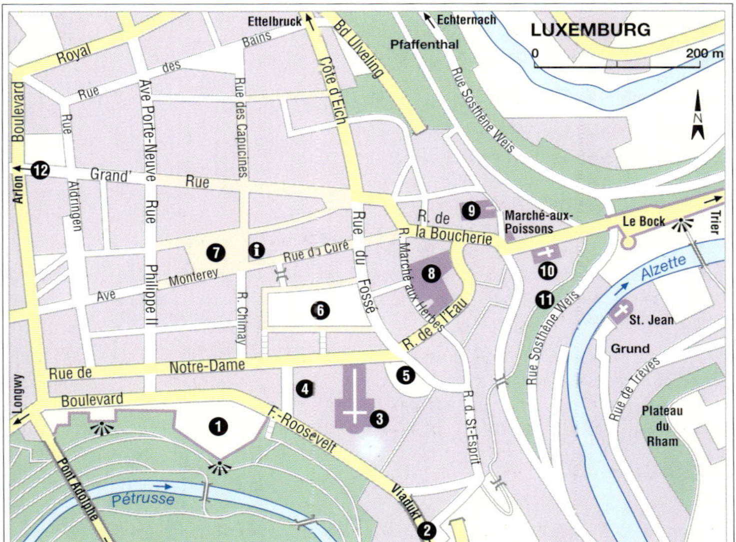

# Route 5

## Viel Genuss auf wenig Raum

### Rundfahrt durch Luxemburg

**Ein verlängertes Wochenende in Luxemburg – weniger sollte man für einen ausführlichen Streifzug durch das Ländchen keinesfalls einplanen – kann zur reinen Genusstour werden. Die abwechslungsreiche Hügellandschaft, die wohlgefügten Dörfer und sauberen Städtchen, die hochrangigen Kunstschätze und nicht zuletzt die Köstlichkeiten aus Küche und Keller sorgen für einen kurzweiligen Aufenthalt, wie man ihn anderswo auf so kleinem Raum kaum erleben kann.**



Seite 91

Die Landschaft des *Ösling* – ein etwa 500 m hohes, den Ardennen zugehöriges Hochplateau im nördlichen Landesteil – ist mit ihren tief eingeschnittenen Tälern der Flüsse Our, Clervé, Alzette und Wiltz der spektakulärste Teil Luxemburgs. Waldreiche Hänge bilden die Kulisse für romantische Burgen und hübsche Kleinstädte, deren Bewohner großenteils von der kargen Landwirtschaft oder dem Fremdenverkehr leben. Der mittlere und südliche Landesteil, das von den Flüssen Sauer und Mosel begrenzte *Gutland*, empfängt den Besucher dagegen mit milderem Klima und einer offenen, niedriger gelegenen Hügellandschaft.

Von Luxemburg aus führt die Route auf der N 12 zunächst nach Norden.

## Richtung Ardennen und Sûre-Tal

Am Hauptplatz der kleinen Stadt **Mersch** (6 300 Einw.) fällt der markante, zwiebelbekrönte Michaelsturm ins Auge. Gegenüber steht das *Wasserschloss* aus dem 12. Jh., das nach diversen Zerstörungen immer wieder aufgebaut werden musste. Reste der römischen Patriziervilla *Villa Marisea* mit Fußbodenheizung und monumentalem Wasserbecken sind in einem Gebäude in der Rue des Romains zu besichtigen.

**Ettelbrück** (6 700 Einw.) hat sich, ebenso wie das benachbarte *Diekirch* (5 600 Einw.), als Pforte der Ardennen zu einem wichtigen Wirtschaftszentrum und Ausgangsort für Wanderungen in die angrenzenden Täler entwickelt. Durch das romantische Tal der vielfach gewundenen Sûre geht es auf der N 27 weiter Richtung Nordwesten. Lohnenswert ist ein Abstecher zu einer der größten Burganlagen zwischen Rhein und Maas.

### *Bourscheid

Von der imposanten Burgruine sind noch bedeutende Reste erhalten. Seit dem 11. Jh. beherrscht die Festung die Umgebung. Das Museum vermittelt Einblicke in die örtliche Baugeschichte. Herrlich ist der Blick von den mächtigen Mauern hinunter in die tiefen, dicht bewaldeten Täler.

### *Esch-sur-Sûre

Ein idyllisches Örtchen (250 Einw.), dessen Häuser sich hinter Hügeln in einer Schleife des Flusses verstecken. An der höchsten Stelle erhebt sich die Burgruine.

Kunsthistorisch Interessierte sollten in der ehemaligen Gerberstadt **Wiltz** (4 000 Einw.) den Besuch der spätgotischen Hallenkirche mit romanischen Bauteilen im Ortsteil Niederwiltz nicht versäumen.

## *Clervaux

Hauptanziehungspunkt in einem der wichtigsten Fremdenverkehrsorte des Landes (1 000 Einw.) ist das nach dem Zweiten Weltkrieg vorbildlich restaurierte **Schloss** (12. bis 17. Jh.). Die umfangreichen Wehrbauten verleihen der Gesamtanlage ein außergewöhnlich geschlossenes Aussehen. In den Räumen der Burg sind drei ständige Ausstellungen (eine mit zahlreichen Modellen zu den Burgen des Landes, eine weitere zur Ardennenschlacht und die Fotoausstellung „The Family of Man") zu besichtigen.

Die schlichte neoromanische, nach dem Zweiten Weltkrieg wieder errichtete Klosterkirche der Benediktinerabtei **St-Maurice et St-Maur** birgt als wertvollstes Ausstattungsstück gleich neben dem Eingang eine Pietà aus dem 15. Jh. Eine Spezialität des Ortes ist der Kaffee aus der Rösterei der Abtei.

Hoch über Vianden steht die trutzige Burg

## Von Vianden an die Mosel

### Von Vianden nach Dillingen

Der Ort **Vianden** (1 600 Einw.) gehört vor allem aufgrund seiner großartigen tausendjährigen * *Burganlage* zu den bekanntesten Touristenzielen Luxemburgs. Sorgfältige Instandsetzungsarbeiten haben ihr mittelalterliches Aussehen bewahrt und lassen eine Besichtigung der verschiedenen Gebäudeteile – der *Burgkapelle* (12. Jh.), des *Kleinen Palas* mit dem „Byzantinischen Saal" und des *Großen Palas* mit dem „Ritter"- bzw. „Grafensaal" – zu einem lohnenden Erlebnis werden (🕓 April–Sept. tgl. 10–18 Uhr, sonst 10–16 Uhr).

Die spätgotische Hallenkirche in Wiltz

Zu den Sehenswürdigkeiten des historischen Ortskerns zählen die gotische *Trinitarierkirche (Eglise des Trinitaires)* mit schönem Kreuzgang und barockem Hochaltar, das *Viandener Volkskundemuseum* und das *Victor-Hugo-Museum.* Der große Romancier verbrachte während seines Exils mehrere Wochen in der Stadt.

Die Fahrt durch die * **Kleine Luxemburger Schweiz,** im unteren Tal der Sûre, ist ge-

Das Schloss von Clervaux

5
Seite 91

kennzeichnet von dem raschen Wechsel der Landschaft. Die weiten Acker- und Wiesenflächen werden im Luxemburger Sandsteinplateau von einer immer enger werdenden Tallandschaft abgelöst. In dieser waldreichen Gegend, die von einem dichten Netz von Wanderwegen durchzogen ist, haben die Bäche sich tief eingeschnitten und bizarre Felsgebilde, Schluchten und Höhlen geschaffen, die der Gegend ihren Namen einbrachten.

Besonders lohnend ist die bei **Dillingen** beginnende Fahrt ins **Mullerthal*, das über die Orte *Beaufort* (sehenswerte Schlossruine), *Haller* und *Waldbillig* zu erreichen ist. Der Blick auf den *Schießentümpel,* eine künstlich angelegte Kaskade, ist ein Erlebnis.

### * Echternach

5

Seite 91

Zeugnisse einer langen, religiös geprägten Vergangenheit haben Echternach (4 300 Einw.) nach der Landeshauptstadt zum bekanntesten Ort Luxemburgs gemacht. Am südlichen Ortsrand kann man Reste eines der größten antiken **Gutshäuser** Galliens mit Badeanlagen, Säulenhallen und Mosaikböden besichtigen. Mit der Gründung einer **Benediktinerabtei** durch den hl. Willibrord im 7. Jh. begann die Entwicklung Echternachs zu einem Zentrum religiöser Kunst. Im 10. und 11. Jh. genoss die *Echternacher Buchmalerschule* höchstes Ansehen.

Beispiele dieser Kunst kann man im Museum der Buchmalerei im Untergeschoss der Abtei betrachten. Mittelpunkt der mächtigen Klosteranlage ist die viertürmige ***Willibrordusbasilika** (St-Willibrord). Nach verschiedenen Zerstörungen, Um- und Rückbauten entspricht ihr Äußeres heute wieder ihrem Aussehen im 11. Jh. Vom karolingischen Vorläuferbau (8. Jh.) existiert noch die gut erhaltene Krypta.

Dem hl. Willibrord wurde hier ein neugotisches Grabmal aus Carrara-Marmor errichtet, seine Gebeine ruhen in einem frühmittelalterlichen Sarkophag. Obwohl Echternach während der Ardennenoffensive (1944–1945) stark zerstört wurde, präsentiert sich der Ortskern heute als ein gut restauriertes Gebäudeensemble. Dazu gehören insbesondere der gotische **Dingstuhl** *(Denzelt),* ehemals Sitz des Schöffengerichts, und das alte **Rathaus** „Unter den Arkaden", die zusammen die Nordwestseite des schönen Marktplatzes bilden.

**Bureau de Tourisme,** Parvis de la Basilique, 6401 Echternach, ☏ 7 24 57.

**Eden au Lac,** Am Nonnesees, ☏ 72 82 83, FAX 72 81 44. Komfortables Haus am Echternacher See. $

**Bon Accueil,** 3–5, rue des Merciers, ☏ FAX 7 20 52. Ruhige Unterkunft im Herzen der Stadt. $

**Hostellerie de la Basilique,** 7, pl. du Marché, ☏ 72 71 69. Stimmungsvolles Restaurant am Marktplatz. $

Tipp Mit der Echternacher **Springprozession** erinnern katholische Pilger alljährlich am Pfingstdienstag an den hl. Willibrord, durch dessen Fürbitte das Land im 13. Jh. von einer Veitstanz-Epidemie befreit wurde.

## Entlang der Mosel

Die Route verläuft weiter durch das untere Tal der Sûre und erreicht **Wasserbillig,** den Mündungsort des Flusses, von wo aus Bootsrundfahrten auf der Mosel angeboten werden.

Das Zentrum der luxemburgischen Weinbauregion ist **Grevenmacher** (3300 Einw.). Es war früher Festungsstadt, wovon noch der Kirchturm aus dem 13. Jh. zeugt, der als Verteidigungsturm errichtet worden war.

### Remich

Schon unter römischer Herrschaft hatte sich Remich (2 650 Einw.) als *Remacum* einen Namen als Weinstadt gemacht.

Im Mittelalter war es Sitz einer Vogtei, im 19. Jh. lebte man von der Fischerei und heute vom Tourismus.

## Mondorf les Bains

Der einzige Kurort Luxemburgs, Mondorf les Bains (2 000 Einw.), fasziniert durch seine reizvolle Lage und seine vielseitigen Kureinrichtungen.

*Echternach: Pl. du Marche-Moart*

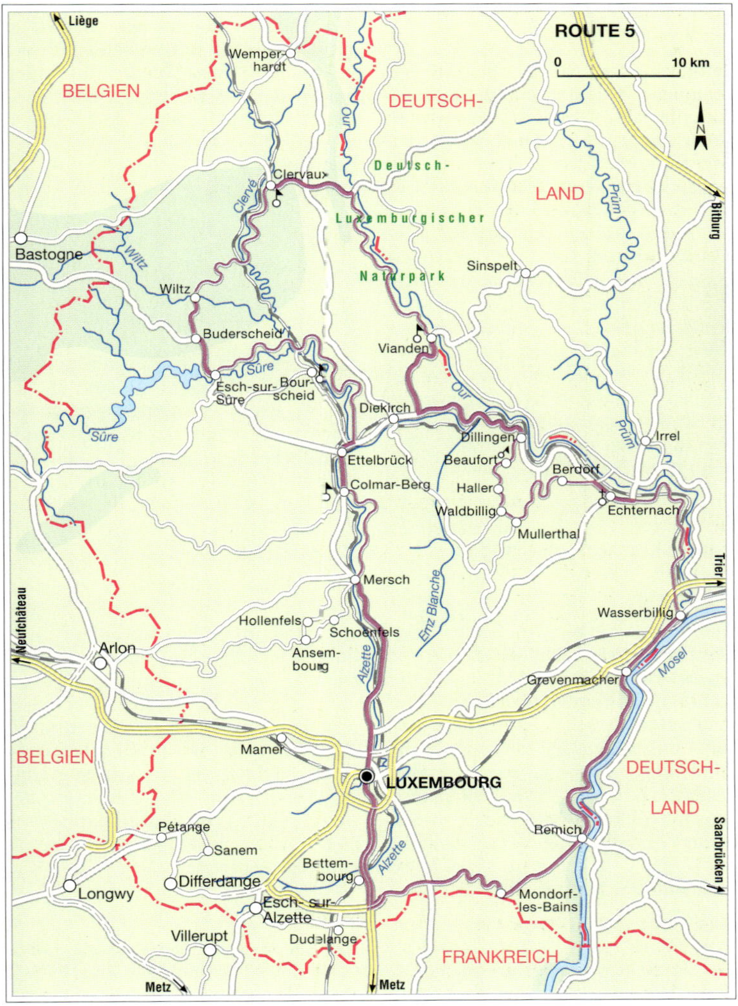


5

Seite
91

# Praktische Hinweise von A–Z

## Ärztliche Versorgung

Zwischen Deutschland, Belgien und Luxemburg besteht zwar ein Sozialversicherungsabkommen, trotzdem ist der Versicherungsschutz durch die gesetzlichen Krankenkassen nicht eindeutig gewährleistet. Für alle Fälle sollte man sich von der Krankenkasse einen Auslandskrankenschein besorgen. Wird dieser aber vom Arzt nicht akzeptiert, muss die Behandlung an Ort und Stelle bezahlt werden. Die deutschen Krankenkassen erstatten den Betrag bzw. einen Teil davon nach der Rückkehr, sofern der behandelnde Arzt den sog. E-Schein ausgefüllt hat, den man bei der Krankenkasse erhält. Um für alle Eventualitäten gerüstet zu sein, empfiehlt sich eine private Zusatzreiseversicherung.

ℹ Auskünfte erteilen die Reisebüros und die Krankenversicherungen.

## Behinderte

Auf Behinderte wird in Belgien auch nicht mehr Rücksicht genommen als bei uns. Öffentliche Einrichtungen sind nicht immer ohne Probleme erreichbar. In den Hotelverzeichnissen ist für jedes Hotel angegeben, ob es für Rollstuhlfahrer zugänglich ist, was aber nicht bedeutet, dass z. B. auch behindertengerechte Toiletten oder andere zweckmäßige Einrichtungen vorhanden sind.

## Diplomatische Vertretungen

*Botschaft der Bundesrepublik Deutschland*
190, av. de Tervuren, 1150 Brüssel,
☎ 02/7 70 58 30.

*Botschaft der Republik Österreich*
47, rue de l'Abbaye, 1050 Brüssel,
☎ 02/6 49 91 70.

*Botschaft der Schweiz*
26, rue de la Loi, 1040 Brüssel,
☎ 02/2 30 61 45.

## Ein- und Ausreise

Obwohl EU-Bürger keiner Grenzkontrolle mehr unterliegen, sollte man den Ausweis mitnehmen. Schweizer benötigen einen Personalausweis oder Reisepass. Kinder unter 16 Jahren brauchen einen Kinderpass oder müssen im Elternpass eingetragen sein.

## Feiertage

1. Januar, Ostermontag, 1. Mai, Christi Himmelfahrt, Pfingstmontag, 23. Juni (Nationalfeiertag in Luxemburg), 21. Juli (Nationalfeiertag in Belgien), 15. August (Mariä Himmelfahrt), erster Montag im September (nur in Luxemburg), 1. November (Allerheiligen), 11. November (Waffenstillstandstag 1918, nur in Belgien), 25. und 26. Dezember. Fällt einer dieser Feiertage auf einen Sonntag, gilt der nächste Tag als gesetzlicher Feiertag.

## Geld

Die Währungseinheit Belgiens ist der Belgische Franken/Franc (bfrs). Ein Franken hat 100 Centimes. Es sind Banknoten zu 100, 200, 500, 1000, 2000 und 10 000 bfrs in Umlauf (Achtung: 50- und 20-bfrs-Noten sind nicht mehr gültig!) und Münzen zu 50, 20, 5 und 1 bfrs und 50 Centimes. Der Belgische Franc ist an die DM gekoppelt, 100 Francs sind etwa 5 DM. Belgische Francs sind auch in Luxemburg in Umlauf; umgekehrt wird allerdings der wertgleiche Luxemburgische Franc nicht überall in Belgien als Zahlungsmittel akzeptiert.

## Haustiere

Für Hunde und Katzen ist ein amtstierärztliches Gesundheits- und Tollwutimpfzeugnis erforderlich. Die Impfung muss mindestens 30 Tage vor Reisebeginn erfolgt sein und darf nicht länger als sechs Monate zurückliegen.

### Information

*Belgisches Verkehrsamt,*
Berliner Allee 47, 40212 Düsseldorf,
☏ 02 11/86 48 40, FAX 13 42 85.

*Tourismuswerbung Flandern Brüssel*
Mariahilferstr. 121b/6st., Wien,
☏ 0 1/59 60 660.

Von hier wird Material verschickt, sofern der schriftlichen Anfrage ein Internationaler Antwortschein im Wert eines Maxibriefes bis 500 g beiliegt.

infobelgien@t-online.de
www.ftpn.be
www.belgien-tourismus.net

*Luxemburgisches Verkehrsamt,*
Bismarckstr. 23–27, 41061 Mönchengladbach, ☏ 0 21 61/20 88 88,
FAX 27 42 22.

*Fremdenverkehrsämter der Provinzen:*

Antwerpen: Koningin Elisabethlei 16, 2018 Antwerpen, ☏ 03/24 06 373.

Ostflandern: Woodrow Wilsonplein 3, 9000 Gent, ☏ 09/2 22 16 37.

Westflandern: Kasteel Tillegem, 8200 St.-Michiels, ☏ 0 50/38 02 96,
FAX 38 02 92.

*Commissariat Général au Tourisme Région Wallonne,* Place de Wallonie 1, Bat. III, 5100 Jambes,
☏ 0 18 05/500 17 17, FAX 500 17 12.

Die Reservierungszentrale *Belgium Tourist Reservations,* Anspachlaan 111-b4, 1000 Brüssel, erreicht man unter ☏ 0 50/38 02 96, FAX 38 02 92.

### Notruf

Notarzt und Feuerwehr: ☏ 100.

Polizei: ☏ 101.

### Öffnungszeiten

*Banken:* Mo–Fr 9–12.30
und 14–16 Uhr.
*Post:* Mo–Fr 9–17 Uhr,
Sa 9–12 Uhr.
*Geschäfte:* Mo–Sa 9–19 Uhr.

Weder in Belgien noch in Luxemburg gibt es ein Ladenschlussgesetz. Grundsätzlich sind die Öffnungszeiten nicht bindend und werden unterschiedlich gehandhabt. Bäckereien und Metzgereien haben häufig auch am Sonntag vormittags geöffnet.

*Museen:* Allgemein sind die Sammlungen am Mo geschlossen. An den anderen Wochentagen schließen Museen mittags zwischen 12 und 14 Uhr.

### Post

Aus Belgien beträgt zur Zeit das Porto für einen Brief und eine Postkarte in EU-Länder 16 bfrs.

### Telefon

Ein Ortsgespräch kostet in Belgien 5 bfrs. Einfacher telefoniert man mit der Telecard, erhältlich in jedem Postamt; die Telecard-Telefonzellen sind entsprechend gekennzeichnet.

Vorwahl: Deutschland 00 49, Österreich 00 43, Schweiz 00 41.

Von Deutschland nach Belgien: 00 32. Auskunft Inland: 12 07, Ausland: 12 04.

### Zoll

Seit der Öffnung der Grenzen innerhalb des Gemeinsamen Marktes müssen EU-Bürger bei Waren für den persönlichen Bedarf grundsätzlich keine Einfuhrbeschränkungen mehr berücksichtigen. Für den privaten Verbrauch dürfen somit 800 Zigaretten und 10 l Spirituosen pro Person ab 15 bzw. 17 Jahren mitgenommen werden.

*Schweiz*

Waren bis zu einem Gesamtwert von 200 sfr und zusätzlich 200 Zigaretten oder 50 Zigarren oder 250 g Tabak, 1 l Spirituosen über oder 2 l unter 15° und 2 l Wein dürfen ausgeführt werden.

# Register

## Orts- und Sachregister

## Personenregister



## Bildnachweis

Alle Fotos APA Publications/Annabel Eston außer Archiv für Kunst und Geschichte: 13, 71/1; R. Hackenberg: 11, 15/1, 17/4, 21/3, 23/1, 25/2–3, 29, 35/2, 45, 47/1, 53, 59, 63/2, 85/1, Umschlag Rückseite (Bild 1); J. Knigge: 6, 7, 17/1, 19/3, 21/1, 23/2–3, 25/1, 35/3, 39/1–2, 41, 51/1, 55/3, 57/2, 61, 65/2, 75, 77/1–2, 83, Umschlag Rückseite (Bild 2); J. Scholten: 1, 17/3, 21/2, 51/3, 55/1; APA/Singapore/D. & I. Heaton: Umschlag (Bild), Bernd Ducke/Superbild: (Flagge).